潜在意識を
書き換える「奇跡の教科書」

フォーカスの魔法

ソーシャルアーティスト
BAZZI

KADOKAWA

はじめに

突然ですが、僕からあなたに一つ言えることがあります。
それは、**「あなたには、あなたの夢を叶《かな》える可能性がある」**ということ。
なぜ、そのように言いきれるかというと、今、この本に出会ってしまったからです。

言い換えれば、**あなたの潜在意識がこの本を手に取らせた**ということです。
実は僕自身も、本書で紹介する『フォーカスの魔法』を使いこなせるようになるまでは、さまざまな悩みを日々抱えていました。

- **過去の失敗に対しての後悔**
- **毎月の収入の心配**

・気を遣いっぱなしの人間関係でのストレス
・今やっていることに対しての無力感
・この先どうなるかという将来への不安

後から気づいたことですが、これらの悩みは「意識がどこにフォーカスしているか？」によって起こる悩みだったのです。

つまり、今日からできるだけ**「どこにフォーカスをするか？」を意識していくだけで、人生は驚くほど激変します。**

この方法を実践した僕以外の受講生の方々も、数々の奇跡的な体験を毎日のようにしています。

以下はそのほんの一例です。

・自分でもびっくりするくらいの大幅な昇給
・出会いの気配すらなかったのに、突然のプロポーズ、そして家までプレゼントされた

・職場で自分とは合わない人が、次々と自然に離れていった
・どんな状況になっても「大丈夫」だという確固たる自信がついた
・使命が明確にわかり、毎日が驚くほど充実した毎日になった

まだまだ挙げたらキリがありませんが、あなたも試してみる価値があると思いませんか?

お金もほとんどかかりません。使うのは「あなたの意識」だけなのです。もちろん、できるところからで大丈夫です。

信じられないかもしれませんが、僕自身も実は、超がつくほど面倒くさがり屋です。おまけに三日坊主です。

そんな僕でも毎日「フォーカスの魔法」を使いこなすことのできる秘密がこの本には詰まっています。

もし僕がこの秘密に出会っていなければ、間違いなくこのような出版の機会もなかったと断言できます。

あなたには今、２つの道が用意されています。

①これまでと同じ人生を一生繰り返す。
②フォーカスの魔法を使いこなし、
あなただけの可能性を引き出し、人生を変える。


もちろん、これまでと同じ人生でも素晴らしく、感動できる場面もいくつもあるかと思います。

ですが、あなたの潜在意識は知っています。

あなただけの可能性を「今」引き出し、自由な人生を歩めることを。

なぜなら、繰り返しになりますが、あなたの潜在意識がこの本を手に取らせたのですから……。


さぁ、次はあなたがフォーカスの魔法を使う番です。準備はいいですか？

目次

Section 01

潜在意識を知れば、人生は思い通りになる

Section 02

成功はフォーカスが9割

Section 03

目に見えないものにフォーカスする

Section 04

潜在意識を書き換えるためのDTY

Section

05 お金に好かれるフォーカスの方法

Section
06
あなたの意識が世界を変えていく

装丁／小口翔平＋後藤司(tobufune)
中面デザイン／原田敏子
イラスト／岡田 丈
DTP／キャップス
校正／あかえんぴつ
編集協力／丸山佳子

Section

01

潜在意識を知れば、人生は思い通りになる

人間の行動や思考は95%以上が潜在意識（無意識）だといわれます。
それを自由自在に使いこなせたら、
人生は確実に変わります。

潜在意識について、考えたことはありますか？

僕が主宰している講座には、「自分を変えたい」「人生を変えたい」「辛い現状から抜け出したい」という人がたくさんやってきます。

そうした人たちに、最初に尋ねることがあります。

それが、「潜在意識を意識したことがありますか？」です。

潜在意識というと難しく聞こえますが、簡単にいうなら「無意識」のことです。そして僕たちは、無意識下で機能する潜在意識の影響を、とても大きく受けながら生きています。

断言しますが、「人生は、潜在意識次第です」。

別の言い方をすれば、「潜在意識を書き換えれば、人生は思い通りになる」ということなのです。

僕たちは自分の意思で物事を選択し、行動しているつもりでいますが、実はそうではありません。

人間の行動や思考は、95％以上が潜在意識によるものだといわれています。最新の脳科学ではさらに進んで、意識の95～99％が潜在意識だという説もあります。なぜ、そんなシステムになっているのかというと……、

僕たちの命を守るため、つまり、「死なないため」です。

人間の意識には、自分で自覚できる「顕在意識」と、自分では自覚できない「潜在意識」の2つがあります。

自覚できる「顕在意識」があるなら、すべての出来事を記憶しておけばいいと考えるかもしれませんが、そんなことをしたら脳はパンクしてしまいます。

そこで、「顕在意識」には社会で生きていくために必要なルールや情報が保持され、無意識下で機能する**「潜在意識」には、これまでの人生で得た膨大な経験や知識、記憶が蓄積され、それらを忘れても〝昨日までと同じ状態を保ちながら安心して生きていける〟**仕組みになっているというわけです。

例えば、「朝は頭痛がひどくてフラフラしていたのに、いつものようにコーヒーをいれて出勤できる服装に着替えていた」とか、「鍵をかけ忘れたと思っていたけれど、ちゃんとかかっていた」など、無意識のうちに身体が動いていたという経験は、誰にもあるはずです。

「いつも食べ過ぎてしまう」「いつも遅刻してしまう」「いつも寝過ごしてしまう」など、頭ではわかっているのに行動が伴わないケースも、無意識の成せる業。「いつも食べ過ぎてしまう」のは、「少しぐらい食べ過ぎても大丈夫！」と潜在意識にプログラミングされているからです。

さて、そうなると、どんなに「自分を変えたい」と願っても、潜在意識は基本的に「変わりたくない」と思っていますから、「なぜ変わりたいのか」という目的をはっきりさせ、それを潜在意識に伝えていくことが大切になります。

そこで最初のミッションです。

まずは、あなたの願望が隠されている潜在意識を深掘りしてみましょう。

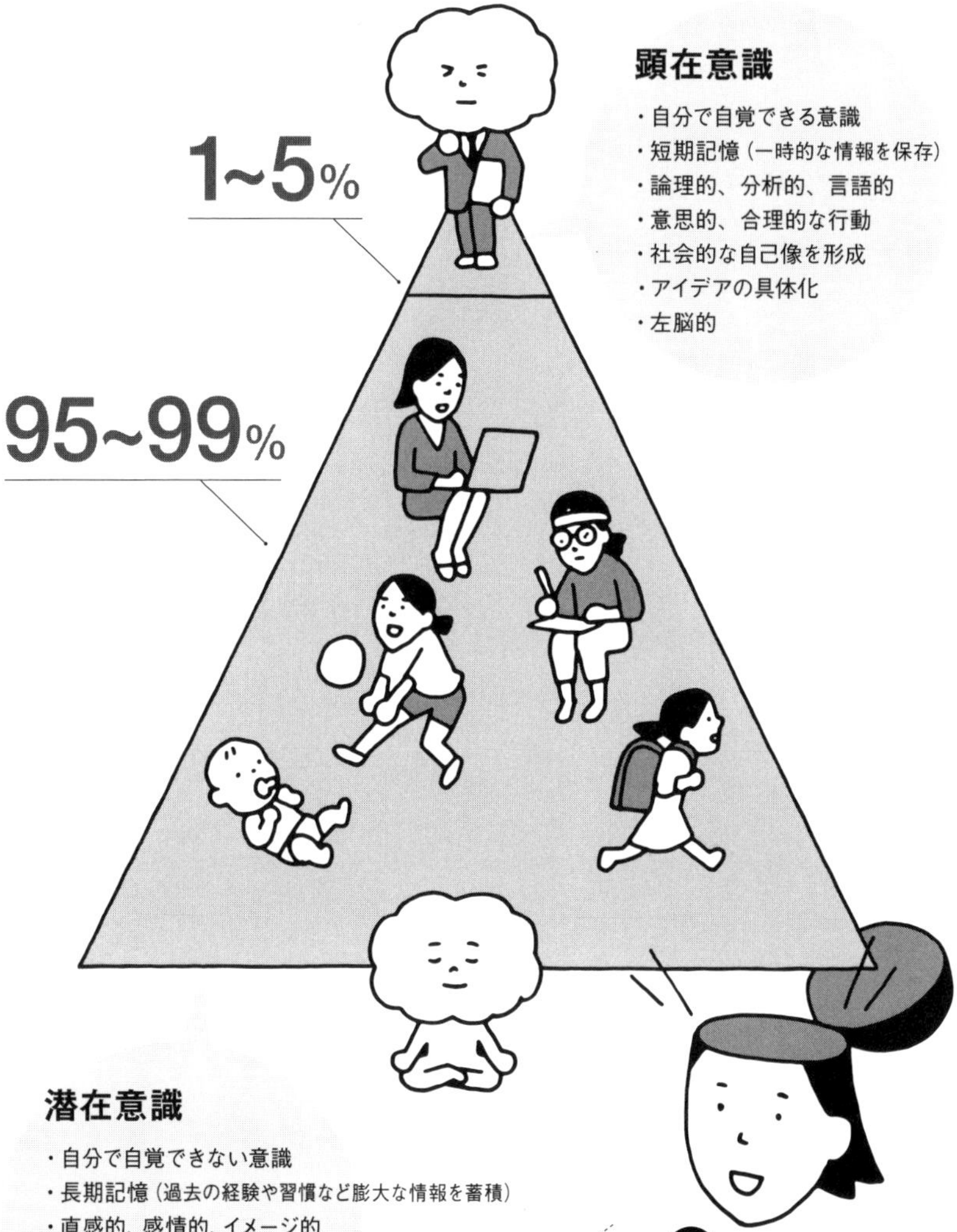

顕在意識

- 自分で自覚できる意識
- 短期記憶（一時的な情報を保存）
- 論理的、分析的、言語的
- 意思的、合理的な行動
- 社会的な自己像を形成
- アイデアの具体化
- 左脳的

潜在意識

- 自分で自覚できない意識
- 長期記憶（過去の経験や習慣など膨大な情報を蓄積）
- 直感的、感情的、イメージ的
- 自動的、習慣的な行動
- 深層にある本能、欲求
- アイデアの源泉
- 右脳的

Point

**生活する上で使っているのは
1～5%の顕在意識。
95～99%を占める潜在意識は、
無意識的な習慣として表われています。**

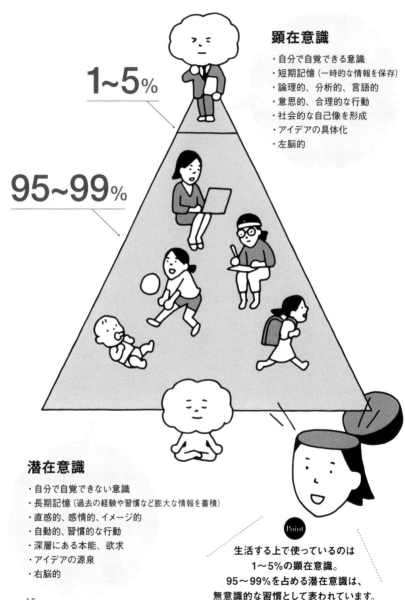

「できない・何もない」と悩んでいると、同じ現実がやってくる

「どうして成功できないのだろう」
「どうしてやりたいことが何も見つからないのだろう」
「どうしてこんなに運が悪いのだろう……」

そう悩んでいる人は、「自分に足りない部分」や「自分のダメな部分」にばかりにフォーカスしてしまう習慣があるのだと思います。

だとすると、潜在意識はあなたが安心して生きていけるように現状維持をしますから、あなたが「できない・何もない・運が悪い」と悩んでいる限り、今日も、明日も、1年後も、「できない・何もない・運が悪い」現実がやってくることになります。

「どうしてできないのだろう」では、一生、願いは叶いません。

完璧主義で理想が高いために、「自分なんてまだまだ」とダメ出しをしてしまう習慣や、「自分のプラス面をアピールするのは恥ずかしい」という日本人らしい謙虚な考え方も、実は、あなたの可能性に蓋をする要因になります。

いずれにしても、人生は一度きり。自分がもっている可能性は、どんどん広げていったほうがいいと僕は考えています。

「自分はダメだ、できない」と考えてしまう人は、まず、〝自分のプラス面〟に目を向けることから始めてみませんか？　なぜなら、どんな人にも、個性や可能性を伸ばしていける素晴らしい力が備わっているからです。

そう断言できるのは、「自分にはできない・何もない」と悩みながら僕の講座に参加した人たちが、「自分にもできる・すでにある」ことにフォーカスしただけで、劇的に変化する姿を数えきれないほど見てきたからです。

僕自身も生まれつき左耳が聞こえず、しかも吃音《きつおん》というハンディキャップがあったために、中学時代までは人と話すのが怖くて仕方がないほど人とのコミュニケーションが苦手で、自信も希望もない地獄の日々を送っていました。

友だちの言葉がうまく聞こえず、「え？　もう一回言って」と聞き直すと、相手からは「またかよ」と言われ、面倒なヤツだとレッテルを貼られてしまう。そんな状況が嫌で、やがて僕は聞き直すことをやめ、聞こえている〝ふり〟をするようになりました。嘘《うそ》を演じているのですから、自己肯定感なんて当然ありません。

今でも忘れられないのは、好きだった女の子から告白をされたときのことです。相手は勇気を出して僕に告白してくれたのに……。僕自身も本当は、天にも昇る心地だったのに……。つまり、両思いになれる最高のチャンスだったのに……。僕はその告白を聞こえなかったふりをしてしまったのです。

自分に自信がなかったために相手を傷つけてしまった……。今思い出しても、最低だったなと思います。

そんな苦い経験をしたこともあり、僕は高校入学を機に、コミュニケーションが苦手で人見知りの、消極的な自分を変えていこうと、できる限り明るく振る舞うようになりました。

正直に言えば、「人見知りのままでは絶対にモテない！」と悟ったわけです。モテたい一心で、高校では軽音楽部に所属してバンド活動も始めました。バンド活動をやっていたからといってモテることはありませんでしたが、人生を大きく変えるきっかけに出合うことができました。それがマジックです。

デパートで偶然マジックショーを見た僕は、「これだ！　マジックを覚えれば、もっとコミュニケーションが上手に取れる！　あわよくば、モテるかもしれない！」と一瞬で魅了され、夢中になって練習しました。そして、20代前半でプロのマジシャンになりました。

潜在意識やスピリチュアルに興味をもつ、ずっと以前の話です。

僕がプロマジシャンになれたのは、手先がすごく器用だったとか、才能があったからではありません。コミュニケーションが苦手という劣等感があったからです。そして、「それを克服したい！」と心から願ったからです。

実は、この「劣等感」にこそ、人生を変えるきっかけが眠っています。

「できる・ある」にフォーカスすることが、自分を変える最短の方法

「自分にはできない・何もない」とマイナス面にフォーカスしている人は、「自分には何もないから何かを学ばなければ」と思い込んでいます。例えば、「お金がないから稼げるメソッドを学びたい」「やりたいことがないから、使命を見つけるセミナーに参加したい」などと、外から学ぶことばかり考えます。

もちろん、「学びたい」という成長意欲があるのは素晴らしいことです。でも、「ない」ことにフォーカスして学んでも、残念ながら身に付きません。

もともと自分に「ない」と思い込んでいるわけですから、いくら学んでも「まだ足りない」と膨大なお金と時間を無駄に注《つ》ぎ込むことになったり、いくら学んでも充実感や満足感を得られないという結果になってしまいます。

反対に、「自分にはできる・ある」にフォーカスした場合は、どんなに自分が苦手な分野でも、すでに「ある」ことにフォーカスしているので、僕のようにコミュニケーションに劣等感をもっていても、自分のもっている可能性を最大限に生かすことができ、その結果、現実を大きく変えることができます。

人より劣っている点が「ある」ことを、多くの人はマイナスに捉えます。でもそれは、神様が与えてくれたギフトだと僕は思っています。

なぜなら、「自分には劣等感がある」「コンプレックスがある」と悩むからこそ、自分を変えたいと思い、どうすれば克服できるかを考え、学ぶことができ、成長していくことができるからです。

ここまで読んで、「そう言われても、劣等感を克服するのは大変」と思った人は、今もなお「できない」にフォーカスしているということです。

「できない」にフォーカスしている限り、現状は変わりません。まず、「自分には（劣等感を克服）できる」と心から信じてみてください。そして、克服した姿をイメージできれば、必ず成長を手にすることができます。

僕の場合も、「劣等感を克服したい」と真剣に考え始めたところでマジックに出合い、マジックを通してたくさんの人とコミュニケーションしている姿をイメージすることで、ワクワクするような楽しさがありました。つまり、「マジック」という新しい「自分の好きなこと」を見つけただけなんです。

好きなことなら努力している感覚ではなく、楽しんで続けられると思いませんか？「できる・ある」にフォーカスするというのは、そういうことです。

もしも、あなたが「自分にはやりたいことがない、好きなことがない」と悩んでいるなら、子どもの頃から現在までの「自分が好きだったこと、得意だったこと」を思い出しながら、次のページに書き出してみてください。

そして、自分のコンプレックスや苦手なことも書き出してみてください。

「子どもの頃はコンプレックスだと感じていたけれど、今は大丈夫」とクリアしていたら、それはあなたの大きな強みになるかもしれません。

「自分にはできない・何もない」ではなく、「自分にはできる・ある」にフォーカスしていくこと。これが、人生を変えていく最短の方法です。

Work_01

自分を見つけるワーク①

● 子どもの頃好きだったこと、苦手だったことを書き出してみましょう。

● 今、好きなこと、苦手なことを書き出してみましょう。

誰にでも、夢中になって
好きなことを続けた経験はあるはず。
そこに、あなたが自由自在に生きるヒントがあります

劣等感や黒歴史さえも、自分を成長させてくれるギフト

「自分にはやりたいことがない、好きなことがない、何もない」と悩んでいた人も、子どもの頃に戻って「自分が好きだったこと、得意だったこと」を思い出してみると、意外な発見があったのではないでしょうか。

何度も言いますが、何もない人、何の価値もない人なんていません。すべての人が素晴らしい個性と可能性をもっています。

このことは、絶対に忘れないでください。

そうはいっても、悩みを抱えているときや落ち込んでいるときは、自分に価値があるなんて思えないですよね。

何をやってもうまくいかない。僕もそんな経験をたくさんしてきたので、よくわかります。

高校時代にマジックと出合った僕は、卒業して就職すると、給料のほとんどをマジックの道具や教材に費やし、テクニックをマスターしていきました。

マジックを見せればいつも人に喜ばれ、コミュニケーションがスムーズに取れるようになり、とある大学のマジックサークルから「マネージャーをやってくれないか」と頼まれるほど、腕を評価されるようにもなりました。

でも、心の奥底には「マジックがなければコミュニケーションが取れない」という不安と自信のなさがいつもありました。

今の僕なら、「マジックでコミュニケーションが取れるなんて、素晴らしいことじゃないか！」と、プラスに考えます。

ところが当時の僕は、自信のなさから「僕の周りに集まってくれる人は、『僕に会いたい』『僕と話したい』のではなく、ただマジックが見たいだけなんだ」とマイナスに捉えることしかできず、自分には価値がないと思い込み、人前でマジックをやることを封印してしまいました。

そこからが、僕の黒歴史の始まりです。

決して自慢できる話ではありませんが、もともと飽きっぽい性格で、規則や人間関係に縛られることが苦手な僕は、高校卒業後に就職した会社をわずか半年で辞め、フリーターをしていました。

バイトをしながらマジックをやっているだけの、何の目標もない毎日。20歳でローンが組めるようになると、キレイなお姉さんに声をかけられて謎のセミナーに参加させられたり、会員権を売りつけられて１２０万円のローンを組まされたりと、いつもトラブルに巻き込まれていました。


仕事も人間関係も、もちろん恋愛もうまくいかず、**「もう何をやってもダメだ」**とヤケクソ状態まで追い込まれていきました。

唯一の救いは、「死ななきゃ何とかなる。何でもやってやれ！」と生きることを諦めなかったことだったと思います。

新宿でスカウトされてホストを経験したり、１日１万４０００円という高額なギャラに惹《ひ》かれて葬儀屋さんで遺体を運ぶアルバイトも経験しました。稼げることなら何でもやりました。

やがてカードの支払いができず、ブラックリスト入りする事態になり、全財産がたったの4円になったところで、あるメッセージが聞こえてきました。

「マジックをやっているときが一番楽しいでしょ？　それならプロになっちゃえば？　そうすれば、一生マジックのことだけを考えて生きていけるよ！」

その声は、まるで神様が自分に語りかけているようでした。

もう何もない！　自分には何の価値もない！　とマイナス面ばかり見ていた僕でしたが、落ちるところまで落ちて、最後の最後に、**「自分には人に喜んでもらえるマジックがあるじゃないか！」と、ようやく「自分にはある」というプラス面に気づくことができました。**

僕は、今までやってきたことをすべて捨て、〝ひと組のトランプと4枚のコイン〟だけを持ち、銀座のマジックバーへ面接に行きました。

そして、念願のプロのマジシャンになったのです。

ところが、飽きっぽい性格で、規則や人間関係に縛られることが苦手な僕は、営業開始3時間前の15時から店の準備や掃除、食材の買い出しをやらされ、翌朝5時の閉店後にまた掃除、ミーティング、反省会という1日17時間の激務に耐えられず、早々に店を辞め、「プロのマジシャン」として独立することにしたのです。

激務に疲れただけではありません。今思えば恥ずかしい限りですが、自己中心的でお客さまの気持ちなど考えていなかった僕は、「自分はプロのマジシャンなのに、何で掃除や買い出しをしなければいけないんだ！」という驕《おご》った思いで仕事をしていたのです。

そんな調子ですから、独立はしたものの、仕事の取り方や集客方法もわからず、収入はほとんどなし。「プロのマジシャン」という肩書だけを支えに、実際は時給一〇〇〇円程度のアルバイトをしながら、何とか食いつないでいる状態でした。経済的にも精神的にもいよいよ行き詰まってきたある日、以前勤めていたマジックバーに立ち寄ると、偶然、マジックバーの社長に会うことができました。

「BAZZI《バッジ》、元気で頑張ってるか?」そう声をかけてくれた社長に、僕は「頑張れていないです……」と正直に話しました。

そして、もう一度社長に拾ってもらい、「今度こそ頑張る! 自分にはできる」と、がむしゃらに働くようになったのです。

マジックも開店準備も、掃除や反省会も、すべてはお客さまに楽しんでいただくために必要なことだと心から理解することができ、**ようやく「自分のためだけでなく、人のために働くことができるようになった」**頃、社長に認められ、僕は系列店の支配人に指名されました。プロのマジシャンになって7年目のことです。

自分にないもの、足りないものを埋めることに必死になるより、好きなこと、得意なことを伸ばすほうが、ずっとラクです。

できないことばかりの人間でも、好きなことや、すでにあるものを伸ばしていこうと考えれば、人生は必ず変えられる。僕はそう信じています。

自分のプラス面と成功パターンを知っておく

好きなこと、得意なこと、そして劣等感も含めて、自分に「ある」ものを再確認できたら、あなたの長所、プラス面も再確認しておきましょう。

自分の長所を見つける一番シンプルな方法は、今までに「ありがとう」と言われたことを書き出してみることです。

「ありがとう」を言われたということは、自分に価値があるということ。

子どもの頃から現在までを思い返して、家族や友だち、恋人、職場で言われた「ありがとう」を何でもいいので次のページに書き出してみてください。

そして、今まで自分が言った「ありがとう」も書き出してみましょう。感謝できたということは、相手に感謝される喜びを与えたということ。「人に何かを与えられる」のは、それだけで十分に価値があるということなのです。

Work_02

自分を見つけるワーク②

● 今までの記憶に残っている
「ありがとう」と言われたことを書き出してみましょう。

● 今まで、自分が「ありがとう」と言ったことを書き出してみましょう。

「ありがとう」と言ったこと、言われたことを毎日書き出し、
寝る前に見返す習慣をつけると、
自分のプラス面が不思議と見えてきます

「ありがとう」を言われた経験だけでなく、褒められた経験や成功体験を書き出してみることでも、あなたのプラス面が見えてきます。

学生時代はこんなことで褒められた、部活動でこんな成功体験をした、仕事の場面ではこんな成績を収めたなど、小さな成功体験から大きな成功体験までどんなものでもいいので、次のページに書き出してみましょう。

同時に、褒められたときや成功体験をしたときの、自分の行動パターンや思考パターンも思い出して書いてみてください。

例えば、好きな相手と結婚できたという成功体験がある人は、自分の直感に従って猛アタックしたのでしょうか。あるいは相手をすごく分析してデートの場所やプレゼントを選んで心を掴《つか》むことができたのでしょうか……。

直感タイプか、分析タイプか。物事がうまくいくときの行動&思考パターンは人それぞれ違います。

「何をやってもうまくいかない」と悩んでいる人ほど、自分のプラス面を引き出す行動&思考パターンを知っておくことが大切です。

Work_03

自分を見つけるワーク③

● 自分が褒められたとき、成功したときのパターンを書き出してみましょう。

● 失敗してしまうのはどんなときでしょう。
繰り返さないために思い出しておきましょう。

直感タイプですか？　分析タイプですか？
自分の成功パターンを覚えておくと、
フォーカスするときのヒントになります

潜在意識をアップデートする

自分がどんなタイプで、どんな行動パターンが向いているのかわかっていないのに、ネットや雑誌を見て人の真似《まね》をしていませんか？　誰かがすすめたマニュアル通りに行動をしていませんか？

それでは、うまくいくわけがありません。

ちなみに僕は、直感タイプで情報は耳からインプットするタイプです。片耳は聞こえませんが、その分、もう片方の耳は感度がいいのかもしれません。聞き流しておくだけで情報を得られる便利さもあるので、一度インプットしたものを反復して聴き、身体に入れていくようにしています。

読むのがいいのか、聴くのがいいのか。自分がどちらのタイプなのかを知っておくだけでも、ラクに力を伸ばせるのではないでしょうか。

行動パターンというのは、潜在意識と密接に関係しています。

僕がプロのマジシャンとして仕事をしていたとき、こんなことがありました。

マジックバーの営業は18時から朝の5時まで。マジックショーが盛り上がりを見せる深夜過ぎになると疲れが出てきます。

そんなとき毎回社長が、「はい！」と冷えた瓶のコカ・コーラを渡してくれました。それを飲むと、不思議とモチベーションが上がり、冴《さ》えたマジックを披露することができました。

やがて僕は、瓶のコカ・コーラを飲むと、どんなときでもモチベーションが上がるようになりました。ただし、瓶でないとダメなんです。それは、潜在意識に「瓶のコカ・コーラでモチベーションが上がる」と刻み込まれてしまったからでしょうね。

これを食べると元気が出る、この曲を聴くと心が穏やかになる、この香りを嗅ぐと懐かしい景色を思い出すという経験は、誰もがもっていると思います。

このように、情報と経験によって潜在意識はつくられていきます。

「何をやってもうまくいかない」と悩んでいる人は、過去の失敗や挫折の記憶、怒られた記憶、裏切られた記憶など、うまくいかなかったときの行動パターンが潜在意識に、より深く刻み込まれているのだと思います。

潜在意識に刻まれた行動パターンは一生変わらないわけではありません。アップデートが可能です。

ただし、顕在意識1〜5%、潜在意識95〜99%ですから、「ダイエットをしたいなぁ」と思う程度では変わりません。**何のために変わりたいのか、目的をはっきりさせ、強い意志を潜在意識に届けていくことが必要です。**

プロマジシャン時代の僕は、瓶のコカ・コーラを飲めば自動的にモチベーションが上がりました。そこには、「最高にお客さまを楽しませるマジックをして、社長の期待に応えたい」という強い目的があったからです。

でも今は、コーラなどの清涼飲料水は一切飲まなくなりました。なぜかというと、目的が変わったからです。

今の僕は、**「150歳を過ぎても元気で健康でいたい」**ということにフォーカスして物事を選択しているので、1日に2リットル以上のミネラルウォーターを飲むことにしています。そして、ミネラルウォーターを飲むたびに、健康を強く意識するようにしています。

すると、潜在意識が**「この人は健康になろうとしている」**と認識するようになり、不思議なことに、自然と健康に必要な情報や人が集まってくるようになりました。

潜在意識は、無意識下で自動的・習慣的な行動を担っています。ということは、自分の願望と目的を潜在意識にしっかり伝えることができれば、オートマチックに願望が叶うということです。

わずか1～5％しか使われていない顕在意識で「うまくいかない」と悩んでいるより、95～99％の潜在意識にお任せしたほうが、ずっとうまくいきます。

「人生は、潜在意識次第であり、潜在意識を変えれば、人生は思い通りになる」のです。

潜在意識を味方につけて自由自在に生きていく方法

ここまで行ってきた「自分を見つけるワーク」を通して、「自分にはこんな得意分野があったんだ!」とか、「〝ありがとう〟と言われるのは、いつも自分がこんな思いで、こんな行動をしたときだ!」といった発見はありましたか?

発見したことがあったなら、ぜひ、それを大切にしてください。それが、あなたの個性であり、強みだからです。

生まれたばかりの赤ちゃんには、明確な意識はありません。お腹《なか》が空《す》けば泣き、眠くなれば泣いて、本能に従い無意識100%で生きています。

ところが、「学校では勉強をしなければいけない」「社会に出たらルールを守らないといけない」と親や社会から教え込まれるようになると、残念なことに本能だけでは生きていけなくなります。

さらに、「人気の稼げる仕事はこれだ！」「今年のファッションはこれ！」と膨大な情報を刷り込まれて生きていくと、自分が一番得意なことや好きなことは、どんどん不要な情報に押し殺されて優先順位が低くなり、やがて思い出せなくなってしまいます。

そして、自分自身の好きや得意分野が自覚できていないために、「イケメンだから付き合ってみたけれど、話が合わずにすぐ別れた」とか、「両親から安定した仕事がいいと言われて大手企業に就職したけれど、事務職はまったく不向きだったので、すぐ辞めてしまった」ということが起こってきます。

あふれる情報に振り回され、情報を信じて決断したのに、実際に経験をしてみたら「好きじゃなかった」「得意じゃなかった」を繰り返すのは、時間と労力の無駄遣いですよね。

でも、安心してください。あなたがこれからの人生を、自分の好きなことを生かして自由自在に生きていく、とても簡単な方法があります。

それは、一つひとつの物事を選択するときに、何のためにそれを選ぶのか「目的」をはっきりさせることです。

この本では、誰でも成功を手にすることができる方法をお伝えしていきます。

ここまで行ってきた「自分を見つけるワーク」を通して再確認した自分の好きや得意分野、「自分にはできる・ある」ことをベースにしながら、あなたが、「こうなりたい」「こんなことをしてみたい」と思っている願望を自由に書いてみてください。

順不同、ランダムに、思いつくまま書いていただいて構いません。

お題は自由と言われると戸惑う人もいるかもしれないので、**僕が開催している講座で相談を受ける三大テーマ、「人間関係・恋愛」「仕事・キャリア」「お金」に関する願望を、42ページのワークで書き出してみましょう。**

この本を読み終えたとき、書き出した3つの目的は、あなたが想像さえしていなかったものに変わっているかもしれません。

潜在意識に眠っているあなただけの宝物を一緒に探していきましょう。

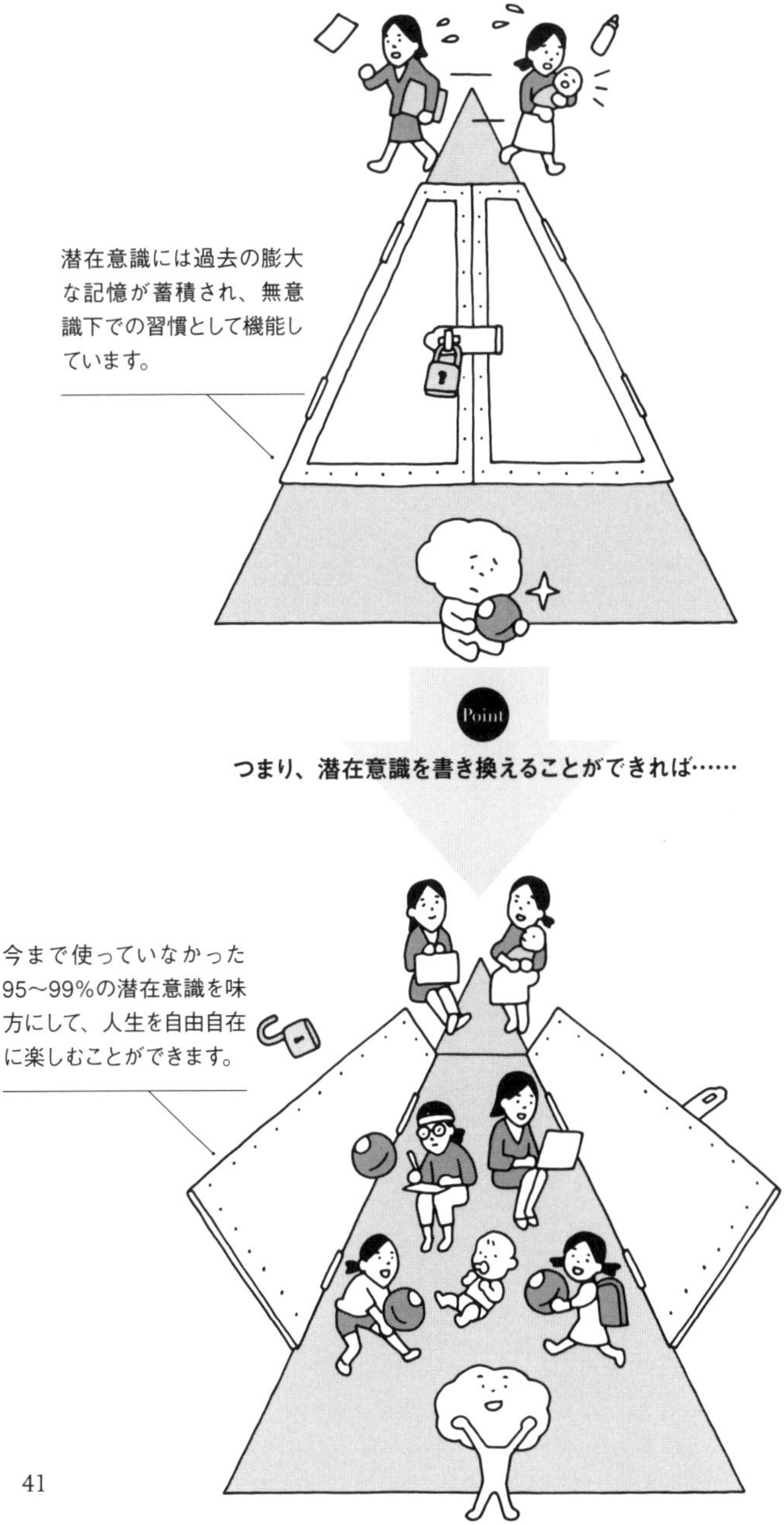
潜在意識には過去の膨大な記憶が蓄積され、無意識下での習慣として機能しています。
Point
つまり、潜在意識を書き換えることができれば……
今まで使っていなかった95〜99%の潜在意識を味方にして、人生を自由自在に楽しむことができます。

Work_04

自分の願望を知るワーク

● 次の３つの項目について、あなたの願望を書き出してみましょう。
いくつでも、ランダムに書いていただいてＯＫです。

●「人間関係・恋愛」
●「仕事・キャリア」
●「お金」

今、本当に叶えたいことは何ですか？
フォーカスの力で一緒に叶えていきましょう！

Section

02

成功は
フォーカスが９割

人生は選択の連続です。
一つひとつの選択をするときに、しっかり目的にフォーカスしていれば、
あなたの人生は必ずうまくいきます。

フォーカスの魔法で「なりたい自分」になる

Section01では、過去の経験や成功体験などから自分の強みやプラス面、成功を引き出す思考や行動パターンを再確認してもらいました。

そして、「人間関係・恋愛」「仕事・キャリア」「お金」の3つのテーマについて「こうなりたい、こんなことをしたい」という願望を書いてもらいました。

「仕事で認められて、責任あるポジションに就きたい」
「理解あるパートナーと結婚したい」
「素敵な家に住みたい」「ペットが飼いたい」「とにかくお金持ちになりたい」

など、さまざまな願望が出てきたと思います。では、42ページで3つのテーマに関してランダムに書いたあなたの願望を、**今度は横並びではなく、優先順位の高いものから縦に並べてみてください。**

「自分にとって一番大切なことに焦点を合わせること」。**これが「フォーカスする」ということです。**

Section01でもお伝えしましたが、**人生を自由自在に生きていくための最も簡単な方法は、一つひとつの物事を選択するときに、何のためにそれを選ぶのか「目的」をはっきりさせることです。**

「カッコイイ服を着て、周りの人から良く見られたい。でも、お金がないから高いブランドは買えなくて……」とか、

「資格を取りたいと思って勉強を始めたのですが、彼女とのデートの時間がなくなってしまって……」といったように目的がグラグラしていたのでは願望を叶えることはできません。

でも、自分の目的にピタリとフォーカスできれば、あなたの潜在意識がガラリと変わり、願望を叶えることができるだけでなく、なりたい自分になって、自由自在に生きていくことが可能になります。

あなたの願望を叶える方法はとても簡単です。あなたの願望に対し、「なぜですか？　その目的は？」と自問自答するだけでいいのです。

そのときに、「なぜですか？　その目的は？」を何度も何度も繰り返して深掘りをしていくのがポイントです。

繰り返すことで、あなたの目的は、まるでカメラのピントを合わせるように、目指すところにフォーカスされ、ブレがなくなり、はっきりとしたイメージが浮かび上がってきます。自問自答するだけでなく、心を許せる友だちと一緒にやってみてもいいかもしれません。

例えば、**「周りの人から良く見られたい」**という願望があるなら、**「なぜですか？　その目的は？」**と自問します。

もちろん人それぞれ答えは違いますが、仮に**「モテたいから」**と答えたなら、次に**「なぜモテたいのですか？」**と深掘りをしていきます。

「モテたい理由なんて、わからない」と答える人もいると思います。でも、理由もなくモテたい、痩《や》せたい、キレイになりたいと考える人は絶対にいません。

これは僕がよくする話の一つですが、**「もし無人島で一人暮らしだったら、誰とも会わないのにモテたい、痩せたいと思うでしょうか？」**

人目があるから、あるいは、自分を取り巻く環境があるから、「こうありたい」と考えるのが人間です。

モテる自分になって結婚したい、接客業なのでもう少し痩せてお客さまに好印象を与えたい、キレイになって好きな人の気を引きたい、あるいは、アイドルを目指したいという人もいるかもしれません。

本当の目的が見つかった瞬間は、**「なるほど！」「遠回りしてきたけれど、このためだったんだ！」**と感動するはずです。

その目的を達成したら、どんな気持ちになるでしょうか？　ワクワクできますか？　そこに、あなたの本当の願望（魂が喜ぶもの）があるはずです。

自分の目的意識が分かってきたら、33ページで再確認した「自分のタイプや過去の成功体験から導き出した思考・行動パターン」を参考にしながら、願望を実現する方法を考えながらイメージし、行動していけば、潜在意識はどんどん書き換っていきます。

自分が「こうなるんだ！」と決めて行動していくと、潜在意識もおのずとその方向へと書き換えられていくわけですから、思い通りの人生が送れないわけがないのです。

では、42ページであなたが書き出した「人間関係・恋愛」「仕事・キャリア」「お金」に関する願望について、目的意識をはっきりさせていきましょう。

次のページの**「BAZZI式フォーカス・メソッド」**を使って、「なぜですか？　その目的は？」を何度も繰り返して深掘りをしていくことで、あなたの本来の目的がはっきりしてきます。

一見するとバラバラに見える3つの願望も、深掘りをしていくと一つに集約され、あなたの本来の姿が浮かび上がってくるかもしれません。

「BAZZI式フォーカス・メソッド」

ここでは「お金」「恋愛」を例題として取り上げていますが、「人間関係」や「仕事・キャリア」について悩んでいる人は、例題を参考にしながら、自分の目的にフォーカスしてみてください。質問に対する答えはできるだけ簡潔にすると、ブレずに自分の本来の目的を引き出せます。

CASE_01 「お金」の悩み

今、叶えたいことは？

「お金を稼ぎたいです」

なぜですか？　その目的は？

「家のローンを返済して、もう少しゆとりがある暮らしがしたいからです」

なぜ、ゆとりがある暮らしをしたいのですか？

「休日には家族で旅行や遊びに行きたいからです」

なぜ、休日は家族で旅行や遊びに行きたいのですか？　その目的は？

「6歳と4歳の子どもたちに、今しかできないいろいろな経験をさせ、日々成長していく子どもたちの姿を見ていたいからです」

その目的が達成したら、どんな気持ちになりますか？　想像してみてください。

「毎週末、家族と一緒に楽しく過ごせたら、本当に幸せでしょうね。今、子どもたちの笑い声が聞こえてきました」

家族と週末に楽しく過ごすことは、本当に今より稼がないとできませんか？

「お金を稼げればもっと幸せになれると思っていました。お金を稼ぐことも大切ですが、もっと大切なことは、家族と過ごす時間をちゃんと作ることですね。改めて気づくことができました」

「生活を豊かに」と考えると、どうしてもお金に目が向きがちですが、お金を求めることが第一目的になり、家族の幸せが二の次では、本末転倒と言わざるを得ません。家族が幸せになるために、お金が必要なんですよね。

「なぜですか？」「その目的は？」とフォーカスしていくことで、自分の本当の目的に気づくことができます。

家族に目を向けて、家族と一緒に過ごす時間を大切にするようになれば、幸せのエネルギーが循環し、波動が上がり、その波動にふさわしいお金が後からついてきます。

CASE_02 「結婚」の悩み

今、叶えたいことは？

「結婚したいです。マッチングアプリを始めたのですが、うまくいかなくて」

なぜ結婚したいのですか？

「30歳を過ぎて、焦っているのかもしれません」

なぜですか？　なぜ焦るんですか？

「周りの友だちもどんどん結婚していくし、親にも『まだ結婚しないの』と言われるので」

なぜ、友だちや親が関係あるのですか？　あなたの結婚は、友だちや親が決めるのですか？

「いいえ、そんなことはありません」

あなたが考える「結婚のイメージ」とはどんなものですか？

「信頼できる人と一緒に暮らしていくイメージです」

なぜ、そう思うのですか？

「やっぱり……、一人だと寂しいから」

では、結婚でなくても、寄り添ってくれる人がいればいいということですか？

「あ、そうですね」

それならば、結婚と限定せず、まずは愛せるものを見つけて、自分のエネルギーを高めることから始めてもいいのかもしれません。自分が幸せのエネルギーで満たされていれば、同じエネルギーを持った人と出会うことができます。

「私の幸せは、アイドルの推し活なんですが、それでもいいですか？」

●

アイドルの推し活をするのは、エネルギーを充電できますから悪いことではありません。ただし、自分の現実を見なくて済むから推し活をしているのであれば、逃げになってしまいます。実際の出会いを求めているのであれば、それはどんなものなのか、イメージを形にしていくことが大切です。

まったくイメージができていない場合は、臨場感をもってイメージを高めていけるように誘導をしていきます（詳しくはＳｅｃｔｉｏｎ03で紹介）

例えば、**「寄り添ってくれる人が欲しいのであれば、その彼はどんな雰囲気の人ですか？　服装はどんな感じですか？」**

「もし同棲《どうせい》しているとしたら、朝はコーヒーですか？　紅茶ですか？」

といった具体的な質問をして、イメージが描けるように誘導していきます。

フォーカスの魔法を成功させるためにはいくつかのポイントがありますから、もう少し、この本を読み進めてみてください。

フォーカスの魔法『全体像』

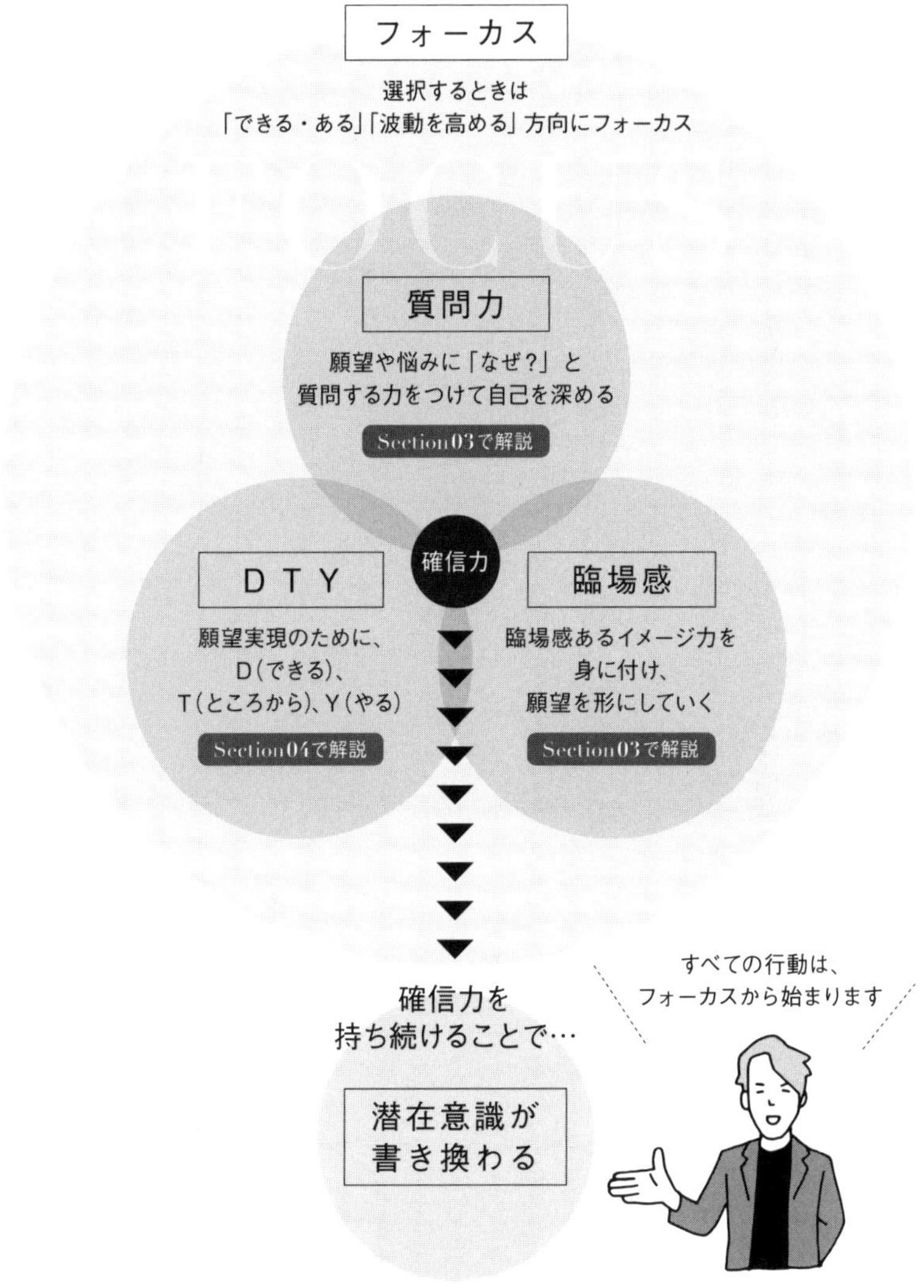
フォーカス
選択するときは
「できる・ある」「波動を高める」方向にフォーカス
質問力
願望や悩みに「なぜ?」と
質問する力をつけて自己を深める
Section03で解説
確信力
ＤＴＹ
願望実現のために、
D（できる）、
T（ところから）、Y（やる）
Section04で解説
臨場感
臨場感あるイメージ力を
身に付け、
願望を形にしていく
Section03で解説
確信力を
持ち続けることで…
潜在意識が
書き換わる
すべての行動は、
フォーカスから始まります

フォーカスのNGパターンを知っておく

あなたの願望に対して「なぜですか？」「その目的は？」とフォーカスを進めていくと、スラスラ答えが出てくる場合もあれば、「どんな自分が出てくるのか不安」とブレーキがかかることもあります。

なぜそんなことが起きるのかというと、潜在意識の影響です。

人間には、生命を維持するために、体温、血圧、脈拍、体液などを一定の状態に保とうとする「ホメオスタシス（恒常性）」という機能があります。

潜在意識が無意識下で現状を維持しようとするのも、実は同じ理由です。

「新しいビジネスに挑戦したい」「自分を変えたい」と思いながらなかなか決断できないのは、あなたが危険な目に遭わないように、潜在意識の安全装置が作動して、ブレーキをかけているからなのです。

Point

新しいことに挑戦しようとすると、潜在意識の恒常性機能が働き、
ブレーキがかかることがあります。これが、メンタルブロック。
そんなときは、過去の成功体験を思い出すなど、潜在意識と仲良くするのがポイントです。

ここで大事なことをお伝えさせていただくと、フォーカスを行ってもメンタルが崩壊するような変化や大きなトラブルが起こるわけではありません。

むしろ、**自分の本当の願望や使命に気づいたときは、最高の心の安らぎ、充実感、充足感に満たされます。**そう断言できます。

とはいえ、予想もしていなかった願望が出てきたら、誰でも驚きますよね。

例えば、日頃から「技術や知識をコツコツ積み上げて仕事を極めたい」と考えていた人が、仕事の目標にフォーカスしたら、今まで考えたこともなかった「起業」という目的が出てきたり。

そこで、「えっ、起業なんてとても無理、無理」とまだ起きてもいないことを心配してブレーキをかけてしまうのは、よくあるケースです。

しかし、ここで**「無理」と思うか、「意外だけど面白そう」と思うか。どちらに目を向けるか、これも一つのフォーカスです。**

そんなときは深呼吸をして一旦落ち着き、もう一度自分の心の声が導き出した願望を客観的に見ることをおすすめしています。

意外な自分の声が聞こえてきても、客観的に見てみたら、

「将来、目的を達成している自分がイメージできた！」

「〝なるほど！〟と心の底から納得できた！」

「何だかワクワクしてきた！」

といった感情が湧いてくるかもしれません。

そうであれば、それはあなたの真の願望です。

そして、その願望を叶えようと決意をした瞬間から、あなたの潜在意識はガラリと変わっていきます。

それまで潜在意識の中で眠っていた、自分の願望を実現するために必要な知識や情報が一気に味方をしてくれるようになるのです。

まるで見えない世界が応援してくれるような感覚……。この感覚を、「潜在意識が書き換わる」と言うのかもしれませんね。

ただし、間違った願望設定をしてフォーカスすると、かえってマイナスになることがあるので、注意が必要です。

NGパターン1：「ない」ことをベースに願望を設定してしまうケース

「今、叶えたいことは何ですか？」と質問をすると、

Aさんは**「将来の貯蓄がないので、お金を貯めたい」**

Bさんは**「ダイエットしても失敗ばかりなので、今度こそ劇的に痩せたい」**

Cさんは**「独身もいいけれど、親が心配するので結婚したい」**

という願望を出したとします。

かなり多いケースですが、実はこれ、**いずれも「ない」ことにフォーカスしているんです。**

今、「ない」から欲しいというパターンです。

Section01でもお伝えしたように、**「自分にはできる・ある」ことにフォーカスし、自分の個性や得意分野を生かしながら自分を変えていくことが、自由自在に生きる最短の方法です。**

「自分にはできない・何もない」ことにフォーカスしても、潜在意識は変わりたくないので、「ない」ことを急に「ある」ようにはしてくれません。

「最近、友人から投資の話を聞いて気になって」とか、「友人が痩せたので」「友人が結婚したので」という理由で、自分が今まで考えたこともイメージしたこともないようなことに挑戦してうまくいくでしょうか？

今までまったく貯金ができなかったのなら、何にお金を使ってきたのでしょう。自分が望んでお金を使ってきたことを、急にやめられますか？

ダイエットを成功させたいと言いますが、そんな決断をしたら大好きなスイーツも食べられなくなるかもしれませんよ。大丈夫ですか？

結婚したら独身生活の自由はなくなります。それを手放す覚悟、さらには相手の長所だけでなく短所も受け入れる覚悟はできていますか？

潜在意識は、昨日と同じがいいんです。変わりたくないんです。そんな潜在意識を書き換えるわけですから、「幸せになる覚悟」が必要になります。

あとで詳しく説明しますが、自分に「ない」ことや「マイナス」になることにフォーカスするくらいなら、やらないほうがいいというのが僕の考えです。

NGパターン2：借り物の願望を設定してしまうケース

次に多いのは、仕事や育児、介護などで「やらなければいけない」ことを抱え、さらに社会が求める「〜でなければいけない」に振り回され、本当にやりたいことが見えなくなっているケースです。

「〜したい」ではなく、「〜しなければならない」「〜でなければいけない」と考えてしまうのは、世の中の情報に洗脳されているからかもしれません。

そうした人たちに願望を聞くと、

「友人が○○だから私も〜」「人に○○がいいと聞いたから〜」というような答えが返ってきます。それは、本当にあなた自身の願望でしょうか？

社会やマスコミが取り上げている幸せの形ではなく、本当の自分の幸せにフォーカスしてこそ、自分らしく自由に生きていくことができるのです。

Section01で行った「自分を見つけるワーク」をもう一度振り返ってみましょう。子どもの頃の経験が本当の自分を知るヒントになるはずです。

「あなたの願望は何ですか？　なぜですか？　その目的は何ですか？」とフォーカスを繰り返しても、なぜかNGパターンに陥ってしまったり、目的がうまく見つからないこともあります。

そんなとき、僕の講座やセミナーでは、**「何もしないでください。自分に『ない』ことや『マイナス』になることにフォーカスするくらいなら、1回落ち着きましょう。『ま、いいか』と心を空っぽにして、本来の自分を取り戻しましょう」**とアドバイスをしています。

真逆のアプローチですが、**「見つからない」と焦って行動するよりも、何もしないほうが心に余裕が生まれるからです。**

マイナスの感情が出てきたら、「ま、いいか」で落ち着く

うまく目的にフォーカスできないときに、「ま、いいか」と一呼吸置くのには理由があります。

「今月もダメだ。お金がない」
「何をやってもツキがない、運が悪いなぁ」
「そんなに食べていないのにぜんぜん痩せられない、嫌になる」

なんて言い続けていると、**同じ波動（周波数）のものが引き寄せられる「共鳴現象」が起こってしまうからです。**

この共鳴現象が、いわゆる「引き寄せの法則」と呼ばれるものです。

言葉だけでなく、人の感情には、「ワクワク」や「どんより」といった気分

の波動があるため、落ち込んでいると、同じように落ち込んでいる人や不運な出来事が引き寄せられて、さらに気分が落ち込むという悪循環が起こります。

しかも、こうしたマイナス要素を無理に取り払おうとすると、余計にマイナス要素にフォーカスしてしまうことになるので、うまくいかないときこそ考え過ぎないようにすることが一番。そこで、「ま、いいか」なんです。

「ま、いいか」には、乱れた波動を整え、ニュートラルな状態に戻してくれる働きがあります。

ところが、真面目な人ほど「ま、いいか」と言えず、考え込んでしまう傾向にあります。そうなると、波動がどんどん下がってしまうわけですね。

人にも、ものにも、出来事にも、それぞれの波動があります。

美味《おい》しいものを食べる、旅行をする、お気に入りの服を着るなど、楽しいことがあればワクワクして気分が高揚し、波動が上がります。

逆に、無意識のうちに悲しいニュースを見てしまったり、仕事で失敗した、失恋したということが起きれば、気分が落ち込み、波動が下がります。
これらは、誰でも日常的に経験していることだと思います。

高い波動の周りには高い波動の人やもの、出来事が集まり、低い波動の周りには低い波動の人やもの、出来事が集まる「共鳴現象」は、宇宙の大原則。

だからこそ、波動が下がってしまうようなマイナス要因にフォーカスするくらいなら、何もせずにリラックスしたほうがいいということです。
でも僕は、「波動を上げるためにハイテンションになれ！　超ポジティブになれ！」と言っているわけではありません。

一つひとつの物事を選択するときに、それを選ぶ「目的」をはっきりさせると同時に、常に波動を上げることにフォーカスしてみてほしいのです。

なぜなら、潜在意識ごと高い波動に書き換えていくことができれば、無意識下でも波動が上がり、自動的に願望が叶うようになるからです。

では、どうすれば波動を上げられるのか……。

Point

周波数の違う音叉は、一方を鳴らしても、もう一方は鳴りません。
ところが、周波数の同じ音叉は、
一方を鳴らすと、もう一方が自然と共鳴します。
これが、同じ波動のものを引き寄せる「引き寄せの法則」の原理です。

普段から徳を積み、自分が生かされていることや周囲に感謝し、何事に対してもやりがいを持って行動していくことです。そうすれば、自然と自分の周りに幸せそうな人が集まり、当然、目に見える「お金」も集まってきます。

講座などでそう話すと、「それはわかっていますが、行動に移すのが難しい」と言われる方がいます。でも、安心してください。できるところから、少しずつやっていけばいいんです。

なので、「難しい」とは思わずに、ここでは「できること」だけを意識してみましょう（波動を上げる詳しい方法はＳｅｃｔｉｏｎ04でお伝えします）。

反対に、普段から人に迷惑をかけ、不平不満や愚痴を言っている人の周りには、不幸な出来事やマイナスのオーラを発する人が集まり、当然、お金は入ってきづらくなります。

高い波動のもの・出来事

・「自分にはできる・ある」というポジティブな思い
・徳を積むこと・感謝・感動・幸福感・やりがい
・好きなこと・キレイなもの・心地よいこと
・整っているもの・高価なもの（信頼性があるもの）
・健康に良いもの、自然あふれる環境
・解放感

Point

高い波動の周りには、高い波動の人やもの、出来事が集まり、
低い波動の周りには、低い波動の人やもの、出来事が集まります。
これは、宇宙の大原則。

低い波動のもの・出来事

・「自分にはできない・何もない」というマイナスな思い
・罪を重ねること・不平・不満・泣き言・愚痴・無力感
・嫌いなこと・汚いもの・居心地の悪さ
・乱れたもの（芸術は除く）・安価なもの（信頼性がないもの）
・健康に悪いもの、有害な環境
・閉塞感

波動を上げるフォーカスで、世界を変える

よく、「ダメな自分でも波動を上げられるでしょうか？」という質問を受けます。もちろん、誰でも波動を上げることは可能です。

子どもの頃の僕は、「波動」なんて言葉は知りませんでした。でも、どう考えても、めちゃくちゃ波動が低かったと思います。

なぜなら、生まれつき左耳が聞こえないというハンディキャップがあり、勉強も運動もできず、みんなが昼休みに校庭で遊んでいるのに、教室に一人居残って、ただただポケモンの絵を描いているような子どもだったからです。

そしていつも、「どうして自分は、こんなにも足りないものだらけなんだ！」と思っていました。

けれども今は、「足りないものだらけ」だったことに感謝しています。

もしも僕が、「両耳聞こえます」「勉強も普通にできます」「コミュニケーションも問題ありません」という人間だったら、潜在意識やコミュニケーション学、さらにはビジネスについて学ぼうとは思わなかったはずだからです。劣等感を克服しようと学んできた結果、今、僕はここにいる。つまり、

劣等感こそ自分を変える最大の武器、だということです。

これは、「自分には何も取り柄がない、魅力がない、好きなものもない」と思い込んでいる人たちに、僕が一番伝えたいことです。

めちゃくちゃ低かった僕の波動が少しばかり上がったのは、高校時代にマジックに出会い、人を楽しませることができるようになってからだと思います。プロのマジシャンとしてマジックバーで働く経験を得て、また少し波動が上がったのかもしれませんが、「マジシャンが何でトイレ掃除をするんだ！」と不満を溜めながら仕事をしているうちにどんどん波動が下がり、店を辞めてフリーのマジシャンになってからは仕事もなかったのですから、波動はさらに激

下がりです。

それでも、立ち直れたのは、マジックが好きだったからだと思います。

何をやってもうまくいかないときは、自分の土台である好きなこと、できることに戻り、一歩一歩、小さな成功体験を積んで自信をつけていけばいいんです。

僕の場合も、以前働いていたマジックバーの社長に頭を下げて拾ってもらい、必死に働くうちに社長に認められて、系列店の支配人を任されるようになった辺りで、再び波動が上がってきた、という感じでした。

当時もまだ、「波動」や「潜在意識」について何も知りませんでした。

でも、こうして振り返ってみると、自分の行動一つで波動が上がったり下がったりしていたことがよくわかります。

そして**「自分の波動が高くなると、波動が高いものが集まってくる」**という法則通りの現象も、ちゃんと起きていました。

支配人として仕事に前向きに取り組むようになった僕に、マジックバーの社長は、人生を変える〝最高のプレゼント〟を与えてくれました。

それが、「潜在意識」について知ることでした。

それからの僕は、ほんのわずかなスキマ時間さえも無駄にしたくない！　という勢いで潜在意識の音声教材を聞き続けました。

よく、「人生を変えたいんですが、時間がないんです」と言う人がいますが、この当時の僕以上に時間がない人はいないんじゃないかと思うくらい不眠不休で勉強していました。

誰でも本気を出せば、スキマ時間を使って人生を変えることができるんです。

潜在意識の扱い方がわかってくると、相手の潜在意識と自分の潜在意識をつなげることができるようになり、お客さまやスタッフとのコミュニケーションもスムーズになりました。すると、店の売り上げ目標もラクラク達成できるようになったのです。

今度は、仕事が辛いから店を辞めるのではなく、**「潜在意識を知れば、どんな状況でも人生を自由自在に変えられる！」**というメッセージを多くの人に届

けたいと思い、13カ月務めた支配人を卒業しました。

独立してからは、異業種交流会やビジネスコミュニティーなどへ積極的に参加することで人脈をどんどん広げてきました。

その甲斐《かい》あって、ラスベガス、フィリピン、台湾などのアジア各国をはじめ世界中を飛び回って講演をするようになりました。

当時の僕は英語が話せたわけではありませんが、海外のイベントも迷うことなくお引き受けしてきました。

「Fake it until you make it」という言葉を知っていますか？

「うまくいくまでは、うまくいっているフリをする」という意味です。最初は「Fake（嘘）」でいいんです。新しい仕事は誰もが未経験なんですから。

そして、潜在意識的に解釈するなら、「仕事の依頼が来たということは、無意識下で仕事の準備ができている」ということになります。

あなたがフォーカスした方向に進もうとしたとき、あなたが書き換えた潜在意識は、大きな力になってあなたを応援してくれます。

これで良いんだ！
できる！
できる気がする
できることにフォーカス
自分にはできない…
「ない・できない」ではなく、
「ある・できる」にフォーカスすることで、
人生が変わります

フォーカスで人生を変えたＣＡＳＥ①

「自分はダメ、一生お金に苦労する」と思い込んでいたSさん（30代・女性）が、結婚も家も、仕事も手に入れたケース

Q YouTubeを観たり、セミナーに参加されたきっかけは？

恥ずかしい話ですが、私、生活能力があまりない「ダメンズ」と言われるような男性としかお付き合いしてこなくて、「一生結婚できないね」って周りから言われていたんです。

さらに実家の借金があり、そのうち、私の名義を貸していた借金が３００万円。毎月2万円ほど返済していましたが、私にとっては大金で、金銭面では毎月マイナスの状態でした。

借金返済のために20代から30代半ばまでは、保険の外交員や化粧品の販売、ネットビジネス、深夜のお掃除をやったり、ダブルワークもしていたし、とにかくいろいろな仕事をやりました。

でも、どれもあまりうまくいかなかったですね。当時は、フランチャイズのクリーニング店を自分で経営していたんですが、売り上げが上がらず違う店舗に移る話が出ていたところでした。

いくら働いても借金の元金が減らず、本当に苦しくて、「これ以上どうすればいいんだろう」「私は、お金で苦労する人生なんだ。こういう運命に生まれてきたんだ」って思っていたんです。

そんなとき、毎日観ていたＢＡＺＺＩさんのYouTubeで、セッションが開催されることを知りました。

最初は受ける勇気がなくて、ポチッとボタンを押すことができなかったのですが、「これが最後のチャンスかも」という思いがして２０２１年11月からセッションを受けました。

Q ご自身に、どんな変化がありましたか？

2回目のセッションで、「以前の自分とは違っている。エネルギッシュになっている」という感じがありました。

私はずっと、「どうしてこんなにダメなんだろう。どうしてこんなに苦労しなきゃいけないんだろう」と苦労する原因を見つけようとしていたんです。原因がわかれば解決できるんじゃないかと思って……。

そうやって自分のマイナス面ばかり見ていたから、「自分はダメ」という言葉しか出てこなくなっていたんです。

BAZZIさんに「疲れているときでもちゃんと歯磨きをしている自分は偉いんですよ。もっと自分を褒めてあげてもいいんですよ」と言われたことを、今もはっきり覚えています。

「こんな自分を褒めていいんだ」ってわかってからは、深夜まで仕事して頑張ってる自分は偉いし、親のために頑張ろうって思ったことも偉い、借金を返そ

うと頑張っている親だって偉い、人って褒められることだらけじゃん！　と思えるようになって、自分がどんどん変わってきました。

人生のどん底だったのに、１カ月もしないうちに激変し、そこからはもう、ミラクル続きですね。

Q　どんなミラクルが起こったのですか？

２年ほどクリーニング店を利用してくださっていたお客さまから、それまでプライベートな話をしたことはなかったのに、突然、「付き合ってください」と言われたんです。それが最初のセッションを受けた11月の終わり。

すごく真面目な感じで、今まで付き合ったことのないタイプの男性でしたし、クリーニング店の経営がうまくいかず、１カ月後には店を閉めようと考えていたこともあり、気持ちの余裕がなくて最初はお断りしたんです。

ところが次の日も店に来て、「結婚も視野に入れたお付き合いをしたいので、もう一度考えてほしい」と言われ、この人は本気なんだと思い、食事に行き、1カ月後にはプロポーズをされました。

そして、私が長年苦しんできた300万円の借金も、結婚前に一括で返済してくれたんです。

人生の大逆転で、私自身もですが、親が本当にびっくりしていました。

75歳になってもチラシ配りをして働いていた両親は、築50年のボロボロな借家に住んでいて、結婚の翌年には家の取り壊しが決まっていました。

私は、そんな両親の面倒を見ていきたいと考えて働いてきたのですが、彼のほうから、両親との同居を提案してくれたんです。

今は私の両親だけでなく、福岡に一人で住んでいた彼のお母さんも呼び寄せ、私の妹夫婦も加えて、埼玉に購入した家に4世帯で暮らしています。やっぱり、家族が幸せでいること以上に大切なことはないと思います。

いつも「辛い、死にたい」と言っていた私の母が、「こんなにいい人と結婚できて、親と同居してくれるなんて、夢みたいだ！　今が人生で一番幸せ」と言ってくれますし、家族みんなが明るくなりました。

周りの人まで変わったのは、「自分はダメだ」と思い込んでいた私が変わったからですよね。自分が変われば、結婚もできて、生活も変わって、家族まで変わるんだということを実感しています。

Q 仕事はどう変わりましたか？

仕事に関しても、以前の私は「クリーニング店以外できない」と思い込んでいたんです。

起業をしたいけれど、お金がない。でも、フランチャイズのクリーニング店は10万円程度で独立可能だったので、「これ以上の投資はできないから、この仕事しかできない」と決めつけていたんです。

今は、「やりたいことは何でもできる」と思えるようになったので、クリーニング店をやめて、自分が経験した「潜在意識」や「お金の引き寄せ」についてＳＮＳで発信しています。

私のように「自分はダメだ」と思い込み、ダメな理由を探し続けている人は、たくさんいると思います。

そんな人たちに、自分の「ある」にフォーカスするだけで人生は変わることを知ってほしい。そして、自分らしい生き方を手に入れてほしいです。

●

Sさんは、2021年11月にセッションを始めてすぐに変化が表れたケースです。起業したことや借金返済をしていることで将来が不安で自信をなくされていました。

でも、自分の「ある」に気づいてからは、本来の自分を取り戻され、1カ月後には別人のように元気になっていました。

この本で紹介しているBAZZI式メソッドを実践することで、きっとあなたの人生にも変化が訪れるでしょう。（BAZZI）

Section

03

目に見えないものにフォーカスする

世の中は、目に見えるものより、
見えないもののほうが大切な「風の時代」に入りました。
目に見えない波動を上げて生きることが成功への近道です。

「風の時代」を自由自在に生きる3つのヒント

フォーカスの魔法は、自分の「できる・ある」を探すことから始まります。

でも、なかなか「ある」が見つけられず、「できない・何もない」にフォーカスしてしまう人は、他の人や世間の基準と比べているからかもしれません。

他の人は安定した仕事があって、地位や財産、家もあるのに、私にはない。だから、自分には価値がない……。

こんな比較は、まったく意味がありません。

なぜなら、僕たちは一人ひとりが違う個性をもち、その個性を生かしながら豊かに生きていけるように命を与えられているからです。

さらには、**地位や財産、お金があればどんなことでも望みが叶う時代は、もう終わったからです。**

ここで、少しスピリチュアル的な話をさせていただくと、今は、200年に一度の価値観の大転換期。

2020年12月から「風の時代」に入り、「目に見えるものから、目に見えないものに価値観がシフトした」といわれています。

それまでの約200年は「地の時代」と呼ばれていました。

産業革命から資本主義へと突入し、大量生産・大量消費を謳歌《おうか》してきた「地の時代」のイメージは、固定的で物質的、権威的。まさに現実的でリアルな、目に見えるものに価値がある時代でした。

一方、「風の時代」は、風が目に見えないように「知識・情報・コミュニケーション・自由」など、目に見えないものに価値が置かれる時代です。

そんな価値観の大転換期に起こったのが、新型コロナウイルスによるパンデミックです。目に見えないウイルスの脅威にさらされ、世界中の人々は物質よりも心のつながりの大切さを痛感したはずです。

働き方は固定されたオフィスから、場所を問わずに人とつながれるリモートワークにシフトし、企業で生涯働くのではなく、フリーランスで働くことも珍しくなくなり、地位や肩書きより、創造性が大切にされるようになりました。

一方的に与えられてきた情報はＳＮＳを使って自ら発信できるようになり、車は所有からシェアへ。たくさん稼いで貯蓄をすることがステータスだった「地の時代」とは一変し、お金さえもクラウドファンディングのように目的をもってどう使うかが大切になってきました。

恋愛や人権に関してもＬＧＢＴＱという言葉が当たり前になり、世界の国々で夫婦別姓や同性婚が認められるなど、急速に世の中が変化しています。

物質や権威ではなく、感情や心の豊かさに価値が置かれる「風の時代」こそ、誰もが自分らしく、自由自在に生きていける時代なのです。

そんな大変革のときに、今までの価値観で物事を判断していたのでは、自分の可能性を伸ばしていくことが困難になってしまいます。

そこで、「風の時代」にあなたの可能性を自由自在に伸ばしていくために頭に入れておいてほしいことがあります。それが、次の3つです。

①目に見えないものに意識を向ける
②目に見えないものに投資する
③目に見えない能力を身に付ける

①「目に見えないものに意識を向ける」とは、物事を判断するときに、目に見えるものではなく、目に見えないものに意識を向けて判断をしてほしいということです。

例えば、恋愛でも結婚という制度にこだわり、結婚できそうな相手を選ぶのではなく、目には見えない「愛」を優先して相手を選んだほうが、心豊かになるでしょう。

仕事も、会社の規模や地位、収入に執着して選ぶのではなく、目には見えない「やりがい」を大切にする。

お金に関しても、たくさん持っていることこそ成功の証《あかし》と考えがちですが、お金はいかに稼ぐかより、どう使うかが重要なので、感謝の気持ちで循環させていくことが大切です。それができれば、お金が原因で争いが起こることもなくなります。

②「目に見えないものに投資する」とは、目に見えない自分の波動やエネルギーを高めていくための自己投資や感謝されることを自ら喜んで行ったり、徳を積んでいくことなどを意味します。

③「目に見えない能力を身に付ける」とは、目に見えない潜在意識を書き換えていく能力を身に付けていくこと。まさに、この本でお伝えしていることです。

「風の時代」のイメージを、頭に入れておきましょう！

目に見えるものが重視された

「地の時代」

お金・物質・理論
所有・権利
固定・安定
組織・企業・縦社会
性別・国籍・学歴・肩書
蓄積
成功・上昇

Point

世の中は「地の時代」から
「風の時代」へ

目に見えないものが重視される

「風の時代」

情報・体験・感情・波動
シェア・共感
移動・流動・革新
個人・フリーランス・横のつながり
ボーダーレス
循環
心の喜び・やりがい

目に見えないものに意識を向ける

「目に見えないものに意識を向ける」ということは、実は、普段意識して見ていない自分に意識を向けることでもあります。

自信がもてなくて「できない・何もない」にフォーカスしてしまうという人は、自分が**「なぜ、そう思うのか？」**少し考えてみましょう。

「できない」というポジション取りをすることで**「できなくても許される」**、**「周囲から期待されずに済む」**と思っているのかもしれません。

あるいは、本当の自分は「ダメな人間ではない」と思っているために、「どうして、こんなことになっているんだ！」と悩んでいるのかもしれません。

自分自身で本を読むなど、お金をかけて現状を変えたいと思っている人の、ほとんどが後者です。

「お金がないからいつも不安で、うまくいかない」と思っているのであれば、これまでに「お金があれば安心」という経験をしたことがあったのです。

「人間関係がうまくいかない」と悩んでいる場合も、これまでに「人間関係がうまくいっていた」経験をしているからそう思うわけです。


「安心を感じているから不安を感じる」というように、世の中の物事は、すべてポジティブとネガティブのペアで起こります。

なぜかというと、宇宙のあらゆる出来事は、陰と陽の相反するエネルギーが循環することでバランスが保たれているからです。


僕自身も、若い頃は「あれが足りない、これも足りない」と、足りないだらけの人生を送ってきたのでよくわかります。

でも、**足りないと思っていたものは、実はすべて自分の中にあります。**潜在意識の中にあるんです。

それをうまく引き出す鍵もまた、あなたの中にすでにあるのです。

「今は何をやってもうまいくいかない」と思うときは、自分の中のエネルギー循環が良くないのかもしれません。

そういうときは、「ま、いいか」と力を抜き、一旦自分を幸福感で満たしてみましょう。好きなものを食べる、好きな音楽を聴く、アラームをかけずにひたすら寝るなど、どんな方法でも構いません。

あなたのエネルギーが満たされれば満たされるほど、幸せのエネルギー循環が起こり、あなたの周りの人へも幸せの波動が伝わります。

自分を満たしていただけなのに、いつの間にか人のためになっているという好循環のループに入り、相手からも自然と感謝が返ってきます。

「人にしたことは自分に返ってくる」。これも、エネルギー循環の法則です。

まずは、いつも見ていない自分自身にも意識を向け、エネルギー循環を感じるところから始めてみましょう。そこから、あなたのエネルギーの循環そのものが変わってきます。

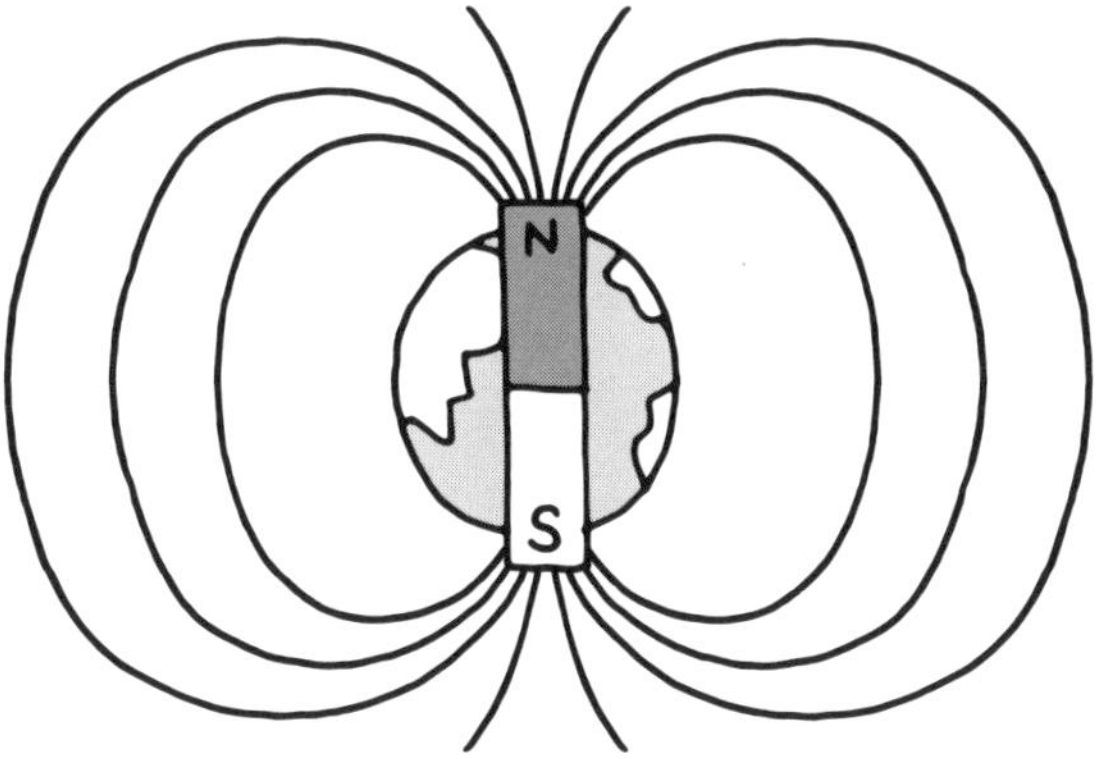

Point

地球の磁場は循環している。自然も循環している。
あらゆるものは循環しているので、
自分の行いもやがて自分に返ってきます。

見えないものに投資をする

「目に見えないものに投資する」と言われても、何から始めればいいか戸惑う人もいるはずです。「見えないもの」とは、例えば〝感謝〟。**「投資」とは、〝自らのエネルギーを注ぐこと〟**と考えてみましょう。

寄付をする、人助けをする、道路の掃除をする、職場の困り事を探してお手伝いをする、ボランティアをするなど、できることは無限にあります。人に喜ばれることや感謝されることができるということは、かけがえのない価値を提供できる人だということ。

「感謝される」という徳を積むことで波動が上がり、人間関係が広がり、仕事も広がるかもしれません。あるいは、人から感謝されたことで自信がつき、本当の自分や自分の魂が喜ぶことが見えてくるかもしれません。

「感謝されることをする」ことも大切ですが、自分を生かしてくれる世の中の森羅万象に日々、「感謝をする」ことも、とても大切なことです。

なぜなら、あなたが感謝をすれば、あなたにも感謝が返ってくるように、感謝のエネルギーは循環していき、やがてはそのエネルギーが世界に平和をもたらす大きなきっかけになるかもしれないからです。

カンボジアで小学校の建設や、教育支援などに携わっている僕は、カンボジアから戻ってくるたびに、日本はなんて豊かで恵まれた国なんだろうと心から思います。

安心して水が飲めて、雨露を凌《しの》げる家があって、食べ物が十分にあり、誰でも教育が受けられて、何より内戦もテロもない。

仕事だって、海外の人たちを雇用しても人材不足と言われるほどあります。

当たり前にあることに感謝をしなければいけないのに、それがいつの間にか見えなくなっているのではないでしょうか。当たり前にあるものに目を向けることで、まったく違う景色が広がります。

「仕事が大変」「育児が大変」「介護が大変」と不満を言う前に、**自分が得られているものに目を向けてみることです。**

確かに、仕事と育児や介護が重なったら大変です。僕も育児をしながら仕事をしているので、よくわかります。

でも、パートナーとお互いにスケジュールを調整し、子どもの成長を見ながら仕事ができることを、この上なく幸せだと思っています。

「育児があるから～ができない」「パートナーがまったく協力してくれない」と、不満にフォーカスしていると、不満は広がる一方です。

かけがえのない時間を、不満のエネルギーでいっぱいにして愚痴を言いながら過ごして楽しいでしょうか。それは、自分や周りの波動を下げていくだけで、プラスになることは一つもありません。

そんな毎日を過ごすのは「時間の無駄！」いうことに早く気づき、

「大変だけれど、おかげで今までにはない考え方ができるようになった」

「もしかしたら神様は、この試練を通して私を成長させてくれたのかな」と、今しか得られない経験に感謝することができれば、やがてその経験が大きなプラスになって返ってきます。

それが納得できるまでは、何度も何度も「まだわからないのか！」と試練がやってきます。その試練を自分が成長するチャンスに変えるのもまた、あなたのフォーカス次第、なんですね。

人間を成長させていくのは、経験と感情です。

食べてみなければ美味しいものはわかりませんし、洋服も着てみなければ、着心地も、自分に似合うかどうかもわかりません。

心躍るような経験だけでなく、辛い経験やうまくいかない経験もたくさんしたほうが、人は豊かに成長していけます。

常に「感謝のエネルギー」にフォーカスすることで、自分の波動が上がり、新しい出会いに恵まれ、自分を成長させていくことができるのです。

「質問力」を身に付け、潜在意識を書き換える力を磨く

目に見えない能力とは、ズバリ、**潜在意識を書き換える力**のことです。

潜在意識に刻み込まれた「自分にはできない・何もない」を、「自分にはできる・ある」に書き換えることができれば、人に出会ったときや、新しい出来事に遭遇したときの自分の捉え方が変わります。


「できるかもしれない」

「自分にもチャンスがあるかもしれない」

「結婚してもいいのかもしれない」

「自分にも価値があるのかもしれない」

「挑戦してみたい！」


そう思えたら、自分の願望を実現していくアクションを起こすことができるようになり、人生が変わっていくというわけです。

とてもシンプルですが、100人いたら100通りの捉え方があるから、難しいのです。物事の捉え方は、その人の個性です。

だから、「これが絶対に正解！」というものはありません。ただし、物事をどう捉えるかで、結果は180度変わってきます。

僕が行っているオンラインの相談会では、**「何をやってもうまくいかない。何もできない」**と悩まれている方に、こんなお話をすることからスタートします。

「何もできないと言ってますが、今こうやって話せているじゃないですか。

僕に相談できているじゃないですか。

自分を変えようと前向きに行動できているじゃないですか。

一歩踏み出すということは、すごく勇気がいることなんですよ。

まずはできるところからやっていきましょう」

そして、どうしたらうまくいくかにフォーカスしながら、具体的なアクションプランを紹介していきます（Section04で紹介）。

僕の講座に参加して大きく人生を変えたSさん（76ページ）も、「私はどうしてこんなに苦労しなきゃいけないんだろう」と苦労する原因を見つけようとしていたと話していました。彼女が苦労の原因として挙げていたのは、「実家の借金があり、名義を貸してしまったから返済が苦しい」「ダメな人ばかり好きになり、結婚できそうにない」ということでした。

でも、こうした外側の原因があるから「うまくいかない」では、問題は解決しません。見逃してはいけないのは、自分の中にある目に見えない原因です。

物事を選択するときに、「なぜですか？」「その目的は？」と自問するように、目に見えない原因に対しても自問する「質問力」を身に付けましょう。そして、マイナス要因から学びを得て、フラットな状態にまず戻りましょう。

今、あなたが悩みを抱えているなら、次の4つの質問を自分に投げかけてみましょう。

①「なぜ、うまくいっていないと思うのか」と自問し、原因を考えてみましょう。

②次に、どうすれば「うまくいく」といえるのでしょうか。できるだけ具体的に、そのイメージを描いてみてください。

③そして、②で描いたイメージを実現するために、今の自分にできることは何でしょうか？　どんなに小さいことでもOKです。

④最後に、「この体験から学べることはなんだろう」と自問し、「自分に足りない○○を学んだ」などの答えが出たら、今度はその答えに対し、「次はどうすればうまくいくか？」と、解決策にフォーカスしていきます。

何度も自問自答して深掘りをしていく**「質問力」**を身に付けていくと、目に見えないものを見る力が養われ、あなたの求めている未来や、今やるべきことがおのずと見えてきます。

この4つのステップを繰り返していくだけで、潜在意識を書き換えることが可能です。ていねいに、着実に進めていきましょう。

「質問力」を身に付けるバーチャルセッション①

人付き合いが苦手な場合

ここからは、僕の講座などに参加されている方たちの質問の中から、比較的多いケースをピックアップして、マイナス思考になってしまったときに、自分で解決できるようなアドバイスをしていきたいと思います。

物事の捉え方をほんの少し変えるだけで、悩みが軽くなったり、解決策が見つかることもあります。

まずは人間関係の悩みからスタートしてみましょう。

人間関係が苦手という人からは、こんな質問をよく受けます。

Q **人と話すのが苦手です。自分に自信がなく、人とうまく付き合えません。人と接することが嫌になり、仕事を休みたくなります。**

人間関係が苦手という人は、自分で「人と話すのが苦手」と決めつけていることがよくあります。あなたはどうでしょうか？

そして、あなたが苦手だと思えば、相手もあなたのことを苦手だと思います。なぜなら、**「人間関係とはあなたの映し鏡」**だからです。つまり、**あなたが変われば、相手も変わるということです。**

「人と接すると緊張してしまう」という人は、今まで人と話をしていて、楽しかったのはどんなときだったでしょうか。

そして、そのときは、相手に対してどう接していたのでしょうか。

これらすべての気づきは、**苦手な相手がいたからこそ得られた**のではないでしょうか。**そう心から思えた瞬間、相手に対して感謝をすることができます。**

相手に感謝の気持ちが伝われば、必ず人間関係はうまくいきます。

Q

自分では相手のためを思って意見し、行動しているつもりなのにわかってもらえません。自分の意見や存在を認めてもらえないのが悲しいです。

「自分の意見や存在を認めてもらえない」という声は、職場の人間関係だけでなく、夫婦間、親子間でも多い悩みだと思います。

「パートナーのためを思ってこんなに苦労をしているのに！」と怒りも比例して増えていくことになります。

でも、**「相手のためを思って行動している」**と言いますが、**それは、本当に相手が心から求めていることでしょうか？**

もしかすると、自分が求めていることだったのかもしれません。

一度ここで相手のためを思ってした行動を、書き出してみましょう。

そして、相手が自分を認めてくれないと言うのなら、あなたは相手を心から認めているでしょうか？

自分が人から認めてもらいたいと考える前に、

自分は人を認めているだろうか？

Message

「人間関係が苦手」と思ったときは、
もう一度、このことを自問自答してみてください（BAZZI）

「自分の意見や存在を認めてもらえない」と悩んでいる場合は、あなたが「認めてもらえていない」と決めつけているだけの可能性もあります。

実は、あなたが気づいていないだけで、相手があなたに対して好意を持っていた、ものすごく感謝していたということは本当によくある話です。

それなのに、どうして相手の気持ちが伝わらないのかというと、**「あなたが相手の気持ちを受け取らないと決めている」からです。**

人から認められていないと悩む前に、自分から人を認めてみませんか？　僕がそう話すと、「声をかけるのが恥ずかしいから難しい」と答える人が多いのですが、「難しい・できない」と、マイナス面にフォーカスする必要はありません。直接声をかけなくてもいいんです。心で思うだけでも相手の潜在意識には伝わりますから、**まずは「相手への感謝」にフォーカスしてみましょう。**

小さいことでもいいので、相手に対して感謝できることを探し、書き出してみましょう。すると、相手からの感謝のエネルギーが、自分の鏡にも映し出されてくるかもしれません。そんな小さな一歩が、自分を変えてくれるのです。

「質問力」を身に付けるバーチャルセッション②

仕事やお金に悩みがある場合

仕事やお金に関する悩みで最も多いのは、**「自分に合う仕事が見つからない」や「起業をしたけれど、転職をしたけれど、うまくいかない」という悩みです。**

でも、何をもって「自分に合う」「うまくいく」というのでしょうか？　それは、あなたにしかイメージできないことなのです。

どんな内容の仕事で、どんな場所で、どんな時間に働ければ、「自分に合う仕事」なのでしょうか？

どれだけ稼げれば、「仕事がうまくいっている」と言えるのでしょうか？

もしかすると、本当にあなたが仕事に求めていることは、具体的に目に見える働き方や環境ではないのかもしれません。

もっと奥深い、目に見えない充実感や、やりがいかもしれません。

「お金」という見えるものだけにフォーカスするのではなく、「自分が満たされる働き方」や「働くことで得られる目に見えないもの」にフォーカスして一度じっくり考えるだけでも、仕事に対する捉え方が変わってくるはずです。

まずはそれを、できるだけ具体的にイメージしてみましょう。できれば、書き出しながら進めていくと、より潜在意識が応援してくれるでしょう。

イメージしたものを繰り返し潜在意識に刷り込んでいけば、やがて、あなたの理想としている仕事が手に入ります。

Q

最近、友人たちがYouTubeやインスタグラムで副収入を得るようになり、自分もダブルワークを始めなくてはと焦っています。

何もできないまま友人に嫉妬している自分も嫌でたまらないです。

最近は、副業を始めたいという仕事の悩みも増えています。

何のために副収入を得たいのでしょうか？

「お金が欲しいから」ではなく、副収入を得ることで、そのお金を使って**「何がしたいのか」にフォーカスしてみてください。**

周りの人がダブルワークをしているから「自分もやらなければ！」と思っているだけなら、無理にダブルワークをしなくてもいいかもしれません。

でも、友人に嫉妬しているということは、自分にもできると思っているからこそ嫉妬心が湧くわけです。自分ができないことやイメージできないことに対しては嫉妬心など生まれないのですから……。

そこで、「嫉妬心」をチャンスとして捉えてフォーカスしてみると、「自分にはこれができるかもしれない！」「自分なら、もっとこんな工夫ができるのに！」というものが見えてくるかもしれません。

このようにフォーカスを自由自在に操れるようになると、人生は途端に自由になってしまいます。

Q 完成した仕事に納得がいかなかったのに、上司に褒められて困惑してしまった。どうしたら良かったんでしょう？

「仕事はイマイチだったけど、褒められて良かった。次は頑張ろう！」と思う人もいれば、「何で褒められたの？」と悩む人もいる。物事の捉え方は、本当に人それぞれだと思います。

完成度の高い仕事を目指す姿勢は素晴らしいことです。だからこそ、褒めてくれたという仕事の成果も一緒に受け取ってほしいと思います。人は褒められて成長していくのですから。上司が褒めてくれた内容にも、あなたを伸ばしてくれるヒントが必ずあるはずです。

褒められても、評価されても、「自分には受け取る価値がない」と思ってしまう人は意外と多いものです。でも、**「自分の価値に気づけたら、勝ち」**なんです。**「価値がある」にフォーカスしていいんです。**

「自分に合う仕事」って何だろう？

何をもって「合う」と言えるのだろうか？

Message

「自分に合う仕事が見つからない」と転職を繰り返している人、多いですね。
そんなときは、このことを考えてみてください（BAZZI）

「質問力」を身に付けるバーチャルセッション③

恋愛も結婚もうまくいかない場合

恋愛に関して相談を受けると、多くの人から**「私は恋愛運がないんです、結婚運がないんです」**という言葉が飛び出します。

マッチングアプリや婚活パーティー、婚活バスツアーなど、驚くほどたくさんの機会があるこの恵まれた日本で、一体何を基準に恋愛運がないと思っているのでしょうか？　それは、自分で「この縁は、受け取らない」と決めてしまっているからかもしれません。

「風の時代」は、人とのコミュニケーションが大きく変わってきます。これまでのような縦社会的な人間関係よりも、仕事以外のコミュニティーや趣味など、利害関係のないフラットな関係がどんどん広がっていく時代です。

また、「風の時代」は、お互いの価値観を認め合う多様性の時代でもあるので、新しい価値観を「受け取らない」のではなく、可能な限りでいいので「受け入れる」ことで人脈を広げながら、恋愛へとつなげていくことを考えるといいかもしれません。

とはいえ、自分がどんな結婚をしたいのかイメージができていなければ、願望は叶いにくくなります。**恋愛運や結婚運がないという人は、理想の生活のイメージができていないのです。**

そんなときは、まず、「自分がリラックスできる環境を作ることから始めてみてください」とアドバイスをしています。

座り心地のいい椅子を用意して、好きな香りに癒やされながら、好きな音楽を聴き、温かいと飲み物でホッとできるような時間を過ごすことで、自分の生活が好きになり、自分の波動が上がっていきます。

自分の波動が上がれば、同じような波動の人や出来事が集まってくるわけですから、理想の人と出会える可能性も高くなってくるのです。

例えば、この本に出会ったことも一つの縁。波動もかなり整っているはずなので、あとは理想の恋愛一点にフォーカスしていくようにしましょう。

Q ダイエットを決意して10年。誘惑に負けて続かず、このままでは恋愛も結婚もできそうにありません。将来が不安です。どうしたらいいのでしょう。

こんな相談もよく受けます。ダイエットがうまくいかない人は、恋愛がうまくいかないのでしょうか？　そんなことはないですよね。フォーカスするときは、一つひとつ切り離して考えましょう。

まず、ダイエットの目的にしっかりフォーカスしましょう。

将来のことは今悩んでも仕方がありません。でも、将来とは「今」の連続なのです。だからこそ、今できることを考えましょう。

腹筋1回でもいいので、毎日できることから続けていけばいいのです。毎日続けることで、潜在意識がみるみる書き換えられていきます。

将来が不安だと感じているなら、その前に、

『今』にフォーカスしたらできることは何だろうか？

Message

将来とは今の連続なのですから、
「今」できることにフォーカスしていけば、
将来も大丈夫です！（BAZZI）

「臨場感」の大切さを知り、潜在意識を書き換える力を磨く

潜在意識を書き換えていくためには、目に見えない自分本来の目的や、悩みの原因を探していく**「質問力」**だけでなく、なりたい自分を**「臨場感をもってイメージする力」**が必要です。

なぜ、臨場感をもってイメージする力が大切なのかというと、「人生がうまくいかない」と悩んでいる多くの人は、どんな人生を歩めばいいのか、そもそもイメージできていないことが多いからです。

「恋愛や結婚ができない」と悩んでいる人は、恋愛や結婚をしている自分がイメージできていないし、「自分に合う仕事が見つからない」という人は、「自分が楽しく仕事をしている姿がイメージできていないし、「お金がない」人は、お金に苦労せず豊かに生活している自分がイメージできていないのです。

つまり、イメージできないことはなかなか実現しません。だからこそ、イメージする力を鍛えてほしいと思っています。

臨場感をもってイメージできると、フォーカスの向きがしっかり確認でき、「自分の目的はこれだ！」という確信力を上げることができます。

また、**現実と区別できないほど臨場感あるイメージを何度も何度も思い出すことで、潜在意識もそれを現実だと捉えるようになり、願望実現が加速していきます。つまり、奇跡が起こりやすくなります。**

臨場感をもってイメージする力とは、言い換えるなら「妄想力」です。「恋愛ができない」と悩んでいる人は、妄想をすれば、どんなタイプが好みなのかよりはっきりしてきます。

「仕事がうまくいかない」と悩んでいる人は、どんな環境なら心地よく仕事ができるか妄想することで、フォーカスのヒントが見つかるかもしれません。

2本のバーチャルセッションを用意しましたので、次のページから一緒に取り組んでいきましょう。

臨場感を高めるバーチャルセッション①

良い出会いを探している場合

顕在意識が論理的、分析的、言語的であるのに対し、潜在意識は直感的、感情的、イメージ的だといわれています。深い感情ほど潜在意識に残りやすいので、臨場感ある妄想が、潜在意識を書き換えるためのポイントになります。

例えばですけれど、今日、このセッションが終わって、気分が良くなったので、近くにある最近話題のバーに友だちと行ってみたとします。そのバーは、どんな雰囲気でしょうか。想像してみてください。

バーに入っていくと、奥のほうの席に、わりと素敵な異性がいて、こっちを見ています。「一緒に飲みませんか?」と誘っているわけではないけれど、なんとなくあなたに気がある感じです。で、あなたも、何だかちょっと気になるわ

けです。その人のどんなところが、気になりましたか？　想像してみてください。

もしも、その人があなたに声をかけてくるとしたら、第一声はなんだと思いますか。想像してみてください。

その後、話が盛り上がりました。どんな話で盛り上がったか、想像してみてください。趣味の話ですか？　仕事の話ですか？　恋バナですか？

話が盛り上がったところで、「2軒目に行こう」と誘われました。あなたはどう答えますか？　想像してみてください。

さて、とうとう、終電が終わってしまいました。みんな帰れなくなってしまいました。どうしますか？

ここまで話すと、セッションをしているメンバーから「もう、やめてくださ〜い、恥ずかしくて答えられません（笑）」という声が聞こえてくるほど、皆さん、想像力が豊かになっています。そして、自然と笑顔になっています。

ここで大事なことは、**恋愛がうまくいかないと悩んでいた人が「笑顔になっている」ということです。**

真顔の人より、笑顔の人のほうが親しみやすく声をかけやすいわけですから、この臨場感を忘れないで妄想を続けていくと、イメージ力が鍛えられます。

すべて妄想ですが、楽しく妄想することで、今まで蓋をしていたものが外れて、本当に自分が望んでいたものがわかる、という効果があります。

あなたはなぜ、バーにいた人をイメージできたと思いますか？

なぜ、その人があなたにかけてきた言葉がイメージできたと思いますか？

それはすでに、あなたの中に、潜在意識下にあるものだからです。あるいは、魂が求めていることだから、と言えるかもしれません。

自分らしさがわかりませんか？

自分がやってきたことは、全部、自分らしいんです。

Message

「自分らしさは？」と自問自答して、
最初に思い出したことが、
一番自分らしいことではありませんか？
（BAZZI）

臨場感を高めるバーチャルセッション②

起業も転職も一歩踏み出せない場合

「起業したい」「転職したい」という願望があっても、何から始めればいいのかわからない人は、意外と多いものです。自分が働きやすい環境やクライアントをイメージしてみると、一歩踏み出すチャンスになります。

さて、あなたはそろそろ、もう一つの収入の柱を立てようと、起業することを考えています。あなたが起業するとしたら、どんなパートナーを選び、どんな分野に挑戦したいですか？　想像してみてください。

起業するのに必要な資料を購入するために書店にやってきました。あなたが手に取っているのは、どんな本でしょうか？

あなたの元にクライアントが訪ねてきました。そのクライアントは、どうやってあなたの仕事について知ったのでしょうか？　SNS、YouTube？　それとも異業種交流会でしょうか？　想像してみてください。

そしてあなたは、どんな価値をクライアントに提供しているのでしょうか？　想像してみてください。

クライアントがあなたのサービスを受けて、心から「ありがとう」と言ってくれました。今、どんな気持ちですか？　想像してみてください。

●

どんなイメージが浮かびましたか？　「どんな仲間と喜びを分かち合い、どんな価値を提供しているのか」と妄想するだけで、まだ行動を起こしていない自分の人生が広がっていくことを実感できるはずです。

ワクワクしながら妄想を膨らませることができたら、その仕事は、あなたに向いているのだと思います。

自分がやりたいこと、自分が買いたいものがあったら、手に入れた自分を臨場感をもってイメージすることから始めてみてください。

自分の願望をどんどん潜在意識にインプットしていくことが、夢を実現する近道になります。

臨場感を高めるバーチャルセッションは、友だちと一緒にやってみるのも効果的です。

普段は蓋をしている自分の本音をどんどん潜在意識に伝えていくことで、あなたが本当に欲しいものが手に入るようになります。

Section

04

潜在意識を書き換えるためのDTY

潜在意識は習慣的な行動を担います。
あなたの望みを、習慣として潜在意識に伝えてください。
それが、潜在意識をスムーズに書き換える秘訣です。

すべては「フォーカス」でうまくいく

自分がやりたいことを実現していくために僕が考えたメソッドが、自分の本当の願望を見つけ、物事を選択するときに、目的がブレないように焦点を絞っていく「フォーカス」です。

「フォーカス」をするときは、

■「できる・ある」方向、波動が高まる方向にフォーカスすること

■見えるものより、見えないものを大切にしてフォーカスすることを基本にしながら、

「なぜ、それを選ぶのですか？　その目的は何ですか？」と、（できれば自分の魂が納得するまで）自問自答を繰り返していくことがポイントです。

また、フォーカスする力を鍛えていくためには、Section03で紹介した、次の2つの力を身に付けていくことが大切です。

■目に見えない目的や悩みの原因を探していく「質問力」
■なりたい自分を「臨場感をもってイメージする力」

そして、「こうなりたい」という目的が決まったら、次は、その目的を潜在意識に刷り込み、潜在意識を書き換えていきます。

潜在意識は、無意識下で自動的・習慣的な行動を担っていますから、

■臨場感ある願望のイメージを潜在意識に伝える
■波動を上げる行動・習慣を毎日実行し、潜在意識に伝えることが、最も効果的です。

良い習慣を身に付け、潜在意識を書き換えることで、人生は簡単に変えることができます。何をやっても三日坊主だった僕が、長年続けている習慣の中にも、あなたがすぐに真似できることがあるかもしれませんので、ご紹介しておきましょう。

人は「できること」しか、できない

「時間がない」「能力がない」「お金がない」「○○がない」……。だから、私には何もできない。多くの人がこう言います。

でも、これでは何も始まりません。僕だって、若い頃に全財産がたった4円だったことがありました。それでも、目の前にある「できること」を探して、がむしゃらにやってきたからこそ、今があります。

過去の後悔や、未来の不安に囚《とら》われているのではなく、「今」にフォーカスして生きることが、将来につながっていきます。

人は「できること」しか、できない。

僕はこの言葉に出会ってから大きく人生が変わりました。そして、自由自在に生きられるようになりました。

「できること」しかできないとは、「できること」がある！　ということです。「できること」や「ある」ことに目を向けて行動していけば、「自分はなんて自由なんだ、何でもできるじゃないか！」ということに気づくはずです。

大切なのは、今にフォーカスして「できるところからやる」ということ。そのための仕組み化を、僕は「DTYメソッド」と呼んでいます。

D＝できる、T＝ところから、Y＝やる！

わずかなことでいいんです。そう考えることで、以前はできなかったことが、少しずつ、できるようになっていきます。

何をやっても続かない三日坊主で、忘れっぽい僕ですが、目的に向かってDTYを実践していくことで、すべてがうまくいくようになりました。

臨場感によって願望を潜在意識に伝える

潜在意識を書き換えるときのポイントは、**「自分はこうしたいという願望を、できる限り自然な形で潜在意識に刷り込んでいくこと」**です。

もちろん、願望を言葉や文章にして何度も何度も繰り返し言うことでも、潜在意識に刷り込むことは可能です。それだけではなく、さらにイメージにして潜在意識に刷り込みたいのです。

なぜかというと、イメージにしたほうが潜在意識に届きやすいからです。

「潜在意識は右脳」、「顕在意識は左脳」で管理されているといわれています。左脳は言語化や計算、論理的な分析を得意としていますが、右脳はひらめきや直感、イメージ処理を得意としています。

つまり潜在意識は、これまでに蓄積された直感やイメージをもとに、

「あなたの願望がこうなら、この人とは付き合ったほうがいいよ」とか、「あなたの願望がこうなら、この家を買いましょう」というように、僕たちが無意識のうちに動けるように指示を出してくれているのです。

そこで、あなたが「庭付きの家に住みたい」と思っているのであれば、あなたがイメージする家の写真を用意しましょう。花のある庭を背景に笑顔で楽しんでいるあなたの写真も用意するとより効果的です。

「家族でハワイ旅行がしたい！」が夢ならば、ハワイのビーチやホテルの写真と一緒に、テラスで家族とトロピカルジュースを飲んでいる写真を用意するといいでしょう。

ポイントは、自分目線の写真であること。つまり、普段からスマホで撮影しているような写真の数々をいつも目にすることで、潜在意識に「家を手に入れた！」「ハワイに行った！」という臨場感を刷り込んでいくことが大切なのです。

臨場感によって願望を潜在意識に伝える方法①

イメージ写真でアプローチ

さて、写真の準備はできたでしょうか。

「こんな景色を見て過ごしたい」「こんな部屋で過ごしたい」というイメージを広げていくには、Googleで画像検索をし、フリー素材の写真をプリントアウトして使うのがおすすめです。

写真の準備ができたら、潜在意識にアプローチしやすい場所にイメージ写真を設置していきましょう。

1. リビング

自宅にいるときに、最もリラックスして過ごせる場所がリビングなら、そこに写真を設置しましょう。写真を眺めているだけでワクワクしたり、気持ちが和むのであれば、刷り込み効果が高まります。

なぜかというと、潜在意識はリラックスしているときや無防備なときに立ち上がりやすいからです。

2. 洗面所

洗面所は、鏡に映った自分の顔を見ながら願望を叶えたときの臨場感を高めることができる最高の場所です。

つまり、鏡を使えば、洗面所で歯を磨きながら「素敵な家を手に入れることができた」とニコニコしている自分の姿を潜在意識に見せることができるということです。

3. 寝室

人間は、眠っている間に潜在意識が記憶を整理していると考えられています。つまり、眠っている間は潜在意識が圧倒的に優位なのです。

そのため、**眠りにつく直前と、眠りから覚めた直後は、新しい情報が潜在意識に刷り込まれやすい状態になっています。**

なので、寝室の目につくところに写真を置くのはマスト。僕は、目を閉じる直前に見る天井や、目覚めたときにすぐ見える場所に、自分の臨場感が高まる写真や文字を貼っていました。

まだウトウトしているとき、つまり、顕在意識がまだ眠っていて潜在意識が優位なときに願望を目にするようにする！　これがポイントです。

4．お風呂・トイレ

潜在意識は、リラックスしているときや無防備なときに立ち上がりやすいとお伝えしました。お風呂やトイレも、当然ながら無防備な場所です。

トイレで考え事をする人は、ぜひ、見やすいところにイメージ写真を貼っておきましょう。

お風呂には、水に濡れても大丈夫なようにラミネート加工した写真、もしくは、モチベーションが上がる言葉や目標などをホワイトボードに書いて設置するのがおすすめです。リラックスしながら、イメージすればするほど、潜在意識に入っていきます。

HAWAII
HAWAII
HAWAII
HAWAII
臨場感が大切!

臨場感によって願望を潜在意識に伝える方法②

ダミーの札束を部屋に置く

「お金がない」と愚痴を言っていると潜在意識に伝わり、潜在意識が現状維持をするため、お金持ちにはなれません。

では、潜在意識に「お金がある」と信じ込ませることができれば、お金は入ってくるのでしょうか？

答えは、ＹＥＳです。僕がそのために行ったことはとてもシンプルです。１００万円のダミー札束をインターネットなどで購入して、リビングや寝室に置き、お金持ちである自分をひたすらイメージしました。

まず、ダミーの札束の一番上に自分が持っている本物の一万円札を入れてください。これで、１万円が１００万円に変わります。

現実には1枚しかない1万円札が、**あなたのイメージの中で100倍になったのです。**

大切なことは、ここでしっかりと臨場感をもつことです。

札束の重さ、質感などを五感で感じ、**「本当に100万円ある！」とリアルに喜ぶことで、潜在意識が錯覚を起こし、現実にしようと働いてくれます。**

僕は以前、100万円の札束を10個、つまり1千万円分用意し、毎日、眺めたり触ったりしているうちに、本当に一千万円を引き寄せることができました。

ポイントは、臨場感。これは、試す価値ありです。

波動を上げる習慣①

徳を積む

僕たちは何か願い事があると、神様に「お願いします」と手を合わせます。念願が叶えば「お陰様で、ありがとうございます」と感謝の気持ちを表します。「お陰様」とは、「見えない力にご加護を受けたとき」に使う仏教用語。つまり人間は、昔から目には見えない力を感じ、応援されながら生きてきたということなんです。

では、どうすれば、見えない力に応援される存在になれるのかというと、それは「徳を積むこと」です。

徳を積むとは、良い行いをすること。自分を生かしてくれる人や物、自然に感謝をし、自分だけでなく、周囲の人や地球環境のことも考えて行動し、世の中に貢献していくことです。

そこまで言うと、「そんな大きな貢献をしなきゃいけないの⁉」と思う人もいるかもしれません。

いや、これも、**毎日「できるところから」でいいんです。**

人と接するときは「ありがとう」の気持ちを忘れないようにするとか、地球環境に貢献するなら、捨ててあったゴミを拾うことから始めればいいんです。

コンビニで糖質たっぷりのジュースを買うのではなく、その分をレジに置いてある募金箱に寄付をする。それだけで健康にもいいし、波動も上がります。

徳を積むというのは、自分の利益ばかりを優先するのではなく、相手の利益を考え、相手に喜びを与えることです。

相手に優しく、思いやりを持って接する「利他的な心」を大切にしていきましょう。

波動を上げる習慣②
自然のエネルギーに触れる

「自然に勝るものはない」。これは、僕がマジックバーに勤めていたときに、潜在意識の恩師でもある社長から教えてもらったことです。

今、潜在意識や波動について学んでいても、まったくその通りだと、改めて考えさせられることばかりです。

人間は、もともと自然の中で暮らしてきました。

最も古い人類は、700万～600万年前にアフリカ大陸で誕生した猿人で、僕たちの直接の先祖である新人類のホモ・サピエンス人が誕生したのは、諸説あり、40万年～25万年ほど前だといわれています。

この長い歴史を考えたとき、本来の人間の生活とはほど遠い、現代の人工的な環境での生活は、まさにストレスの原因でしかないわけです。

「自然の中にいると、木立の葉音やせせらぎの音、鳥の声に癒やされる」
「巨木に触れただけで、ものすごく強いエネルギーを感じた」

こんな経験は、多くの人がしているのではないでしょうか。

それは、自然の中で暮らしてきた僕たちのDNAが喜んでいるからなんです。

自然の中では五感が研ぎ澄まされ、本来の場所に戻ってきた心地よさを全身で感じることができます。

だからこそ僕は、普段から自然に直接触れる機会を増やし、自然のエネルギーを取り込むことを大切にしています。

太古から、人間が最も必要としてきた太陽や大地、宇宙のエネルギーを受け取れることに感謝をしながら自分を自然のエネルギーで満たしていくと、波動が上がっていきます。

ぜひ、自然の中でゆったり過ごす時間を増やしてみてください。

波動を上げる習慣③

美味しいものを食べる

美味しいものを食べることも波動を上げる大切な要素です。

美味しいものを食べれば誰もが笑顔になり、家族や友だちとの会話が弾み、五感が満たされ、細胞レベルで喜びを感じることができるからです。

また、**食べ物そのものにも波動があるので、太陽と大地の恵みを受け、農薬などを使わずに育った野菜や果物、海の恵みである海藻類をたっぷり摂《と》り、添加物が入ったジャンクフードなどの加工食品はできるだけ食べないようにすることが大切です。**

甘くて白砂糖たっぷりのスイーツや人工甘味料が使われた清涼飲料水、高糖質、高脂質、高塩分のジャンクフードは、食べると脳が刺激されてドーパミンという快楽物質が出るため、「もっと食べたい」と思うようになるわけですが、過剰に摂取すると、細胞が炎症を起こし、原因不明の肌荒れや不調、さらには糖尿病や脂質異常症などを引き起こす原因になってしまいます。

僕は2023年8月から、美容と健康にコミットして、ジャンクフードを一切口にしなくなりました。今では、波動の高い食材を選び、自分で料理をすることが趣味になっています。

さらに、食べる前、食べている間、食べ終わったときに、あることを意識するだけで、目の前の料理が格段に美味しくなります。

それは「感謝をすること」。

この地球上には食べたくても食料がなく、飢餓に苦しんでいる人たちがたくさんいます。

そんな中で、**自分が当たり前に食事ができていることに感謝し、食材を生産してくれた人や料理をしてくれた人に感謝しながら食べること**ができれば、さらに波動が上がります。

波動を上げる習慣④
波動の高いものを身に着ける

一口に波動が高いものと言っても、種類はさまざま。

あなたと相性のいいパワーストーンや小さくてもいいので本物のダイヤモンドやパールなどのジュエリー、ロレックスの腕時計でもいいです。

「そんなに高価なものは買えない……」と思った人は安心してください。デパートやブランドショップに行って、試着するだけでもいいのです。

ここで何を経験してほしいかというと、本物がもつ波動の高さです。本物を身に着けてみると、自分の波動との違いに気づくはずです。

自分に買えるかどうかなんて考えず、波動が高いものがもっている力やワクワク感を自分の中に記憶しておくことが大切なんです。

やがてその感覚が、自分の目標になってくれるかもしれません。

でも、**「波動が高いもの＝高価なもの」とは限りません。安くてもセンスのいいものやスタイリッシュなものを組み合わせることで、波動が高くなります。**

この話をすると、「センスに自信がない場合は、どうしたらいいのですか？」と皆さん心配されるのですが、大丈夫です。

僕も、センスに自信があるわけではないので、ブティックでマネキンが着ている洋服が気に入ったら、そのままそっくり買って着ています。

誰かの真似でも構いません。自分が好きな俳優やアイドルが着用していた洋服やバッグ、メガネ、香水など何でも真似してみるだけで気分が上がり、波動も上がります。

自分のお気に入りを身に着けることを習慣にし、気分を上げてくれたモノに感謝し、大切に扱うことで、さらに波動は上がります。

波動を上げる習慣⑤

波動の高い人・出来事を選ぶ

波動の高い人と一緒にいること。これは、自分の波動を上げるためには最も効果が高い方法です。

大好きなアイドルのコンサートに行き、最高のオーラを間近で受けながら、熱狂の中で数時間過ごしたら、感動が頂点に達し、当然波動が上がります。

同じように、あなたにとって波動が高い人＝あなたが好きな人と一緒にいれば、幸せな時間を過ごすことができて波動が上がります。

つまり、日常生活の中でできるだけ自分の幸せ時間を増やしていくことが、波動を上げることにつながるのです。

忙しいから「デートができない」「コンサートに行けない」と言っていたのでは、いつまでも波動が上がりません。

今、やりたいことは何でしょう。「今」にフォーカスしてください。そして、選択に迷ったら、**「自分の波動を上げてくれるほう」**を選択していきましょう。ワクワクするものを選んだほうが、後悔がありません。

あるいは、**「目に見えるものより、目に見えないもの」**を選ぶことも大切です。目に見える仕事より、目に見えない愛、ですよね。普遍的なものが最も尊いのです。

「フォーカスする方向は、波動が上がる方向」という法則を、思い出してもらえたでしょうか。

何にフォーカスするかで、人生は決まっていきます。波動が高いものを選んでいくことが習慣化できれば、確実に、人生の幸福度は上がっていきます。

波動を上げる習慣⑥

毎朝、太陽の光を浴びる

僕が、朝起きて真っ先に行う習慣があります。それが、太陽の光を浴びることです。

「えっ、そんな単純なことですか？」と思われるかもしれませんが、そんな単純なことでも毎日繰り返すだけで人生は変わります。

なぜなら、太陽という大いなるエネルギーを毎朝浴びることで、自分の中にエネルギーが満ち、幸福感で満たされるようになるからです。

実はこれ、スピリチュアル的な話というわけではなく、脳科学的に見ても明らかなことなのです。

人が幸福を感じるときに脳内で何が起こっているかというと、幸福感を引き起こす脳内物質が出ています。

幸せをもたらしてくれる脳内物質はいくつかありますが、**朝日を浴びることで得られるのは、1日のリズムを作り、心身ともにポジティブで前向きな気分にしてくれる「セロトニン」という物質です。**

頭をスッキリさせ、心身を目覚めさせ、自律神経を整えるセロトニンは、実は、睡眠ホルモンの「メラトニン」を分泌させる材料にもなるので、睡眠の質を上げるためにも、とても重要なんです。

「150歳を過ぎても元気で健康でいたい」を目指している僕にとって、健康は最重要テーマです。また、自由自在に生きていくためにも、健康がベースになければ話になりません。

毎朝、太陽の光を浴びるだけで、こんなに大切な幸福物質が手に入るなら、習慣にしたほうがいいと思いませんか。

波動を上げる習慣⑦

身体の軸と呼吸を整える

行動するときに意識しているのは、身体の軸を整えておくことです。

スピリチュアル的にいえば、**背骨の基底部にある第1チャクラから頭頂にある第7チャクラまでを一直線にし、常にエネルギーが通りやすい状態にしておくことです。**

そして、エネルギーが循環していることをいつも意識するようにしています。循環というのは、シンプルに言えば「**みんなつながっている**」という感覚です。そう思うことで、**自分が宇宙の一部であり、さまざまなエネルギーを受け取ることができ、また、エネルギーを宇宙に返すことができるのです。**

もちろん、身体の軸が整うと疲れにくい体質になりますし、姿勢も整うので印象も良くなるなど、さまざまなメリットがあります。

また、身体の軸を意識すると同時に、呼吸にも気をつけています。

「呼吸法」というと、「何秒吸って、何秒止めて、何秒吐く」とイメージする人が多いかもしれませんが、僕自身は、もっと自由でいいと考えています。

なぜなら、身体の作りは人それぞれですし、もっと言えば、同じ身体だとしても、そのときそのときで体調や気分も違うからです。

僕が気をつけているのはただ一つ。**「リラックスした呼吸」**です。すごくシンプルに聞こえるかもしれませんが、忙しい毎日を過ごしていると、どうしても呼吸が速くなってしまうからです。

息を吸う時間よりも、吐く時間を長くするよう心がけることで、より副交感神経が優位になりリラックスできます。デスクワークなどをしているときは、30分に1回はデスクから離れ、身体の軸と呼吸を整えるようにしています。

波動を上げる習慣⑧

メモをして毎日見る

僕は面倒臭がり屋です。同時に、自分が誰よりも忘れっぽい人間だということもよく理解しています。

だからこそ、大切にしている習慣が、「メモを取ること」です。

ただメモをするだけでなく、そのメモを見ることも忘れないように、メモを貼る場所もかなり意識しています。

大切な予定は、「絶対にここなら目に入るでしょ！」という場所に目立つ色の付箋や大きなメモ用紙に書いて貼っておきますし、本で読んだ情報や気になった言葉、活用しようと決めた考え方やアイデア、調べたいことなども必ずメモしておくようにしています。

部屋の中にたくさんメモがあると、探すのが大変と感じるかもしれません。何でもスマホに入れておけばいいという意見もあるかもしれません。

でも、**僕が「手書き」のメモにこだわっているのは、メモをすることで脳を活性化させ、潜在意識を立ち上げたいからです。**

「見る」だけでは脳は十分に活性化せず、自らの手を使い「手書き」をすることで、初めて脳のやる気スイッチが入るのだそうです。もちろん、パソコンで文字を「打つ」ことも有効ですが、「手書き」のほうが圧倒的に記憶に残ります。

また、話を聞いただけで、１００％内容を覚えることなどできません。だからこそ、メモを取ることが大切だと思っています。

いちいちメモするのは面倒臭いと思うかもしれません。僕も最初はそうでした。でも、書いたメモを毎日見ているうちに、いつの間にか無意識レベルで行動ができるようになり、僕の人生はかなりレベルアップしたと思っています。

波動を上げる習慣⑨

音声学習をする

僕は子どもの頃、吃音でした。そう話すと、「どうやって吃音を治したんですか？」とよく聞かれます。

そのたびに僕は、「音声を聞いて、自分で自分を洗脳しました」と答えます。どういうことかというと、「自分が取り入れたい声を毎日聞き、演じているうちに治ってしまった」のです。

僕が毎日続けたのは、敬愛する福山雅治さんのラジオ番組を毎日繰り返して聞き、まるで念仏でも唱えるように、ひたすら真似することでした。

最初は似ていなくて当然です。でも、その人になりきって真似ているうちにだんだんと吃音がなくなり、間の取り方や抑揚の付け方さえも似てくるようになりました。

つまりこれも、「Fake it until you make it」。「最初はフェイク（嘘）でもいい。フリをしているうちに、夢は叶うよ」ということです。

吃音を音声学習で治し、「潜在意識」も音声学習で学びました。仕事中のわずかなスキマ時間や睡眠時間を使って、しかも、イヤホンを耳に突っ込むだけで無意識のうちに学べるので、音声学習はとても便利です。

自己投資をしてこれまで手に入れた数々の講座の音声も、擦り切れるまで聞いているうちに、潜在意識同様、すっかり内容が身体に入ってしまったという感じです。

僕たちは、お母さんのお腹の中にいるときから、周囲の音を聞いています。

つまり、本を読むよりもずっと馴染《なじ》み深いのが、音声学習なのです。本を読むのが苦手という人は、一度試してみてください。

波動を上げる習慣⑩

人脈づくり

チャンスを掴むために意識している習慣は、「人脈を広げること」。とはいえ、やみくもに交流会に参加して多くの人とつながればいいと考えているわけではありません。

ここで大切なことは、

「自分の人生のゴールや、今現在叶えたい夢に直結するであろう人とつながるチャンスを広げる！」ということです。

潜在意識が書き換えられていくと自分の波動が上がっていき、自分の周囲の人間関係が嘘のように変わっていくことがあります。

そんなときは、人の力や見えない力に頼ることで、自分の大きな夢を叶えていくチャンスです。

一人の力は限られていますが、人の力を借りることで、とんでもない奇跡が起こります。

僕自身、「この方とはこの先、つながることはないだろう」と思っていた著名人と、予想外の大きな仕事をすることになり、驚いたことがあります。

ですから、「やみくもに人脈を広げればいいわけではない」と言いましたが、どこからチャンスが舞い込んでくるかわかりません。

「ピン」ときたときは、それが潜在意識のサインかもしれないので、出会いに感謝して、縁を大切にすることです。

ただし、大きな仕事ができたときは、自分の力を過信しがちです。

他力があって世の中が回っていることを忘れず、感謝の気持ちで人脈を大切にしていきましょう。人脈は一生の財産です。

波動を上げる習慣⑪

自己投資をする

自分の行動の中で、最も大切に考えているのは、自己投資です。この習慣は**自分の価値を高めるだけでなく、自分の価値を認めるきっかけにもなります。**

なぜなら自己投資には、

「自分には投資する価値がある！」

というメッセージが込められているからです。

僕自身も、これまで数々のセミナーや講座に参加し、学んできました。「潜在意識」「引き寄せの法則」「エネルギーワーク」「チャクラ」「霊能力」「WEBマーケティング」「コピーライティング」「セールススキル」「行動心理学」「広告運用」「若返りや健康」……。

数え上げたらキリがありませんが、たくさん時間とお金を使ってきました。**自己投資金額は、軽く2000万円を超えています。**

でも僕は、後悔など1ミリもしていません。現に、僕の収入は自己投資をするたびにどんどん増えていきました。また、感情面も自己投資をするたびに豊かになっていくのを感じています。

そして、自分がやりたいことだけができる毎日が実現でき、大切な人とずっと一緒にいられるライフスタイルも手に入れることができました。

人生を大きく変えたいと思うなら、まず、少額でもいいので自己投資をしていきましょう。

自分の脳や身体に自己投資をすることこそが、最高のパフォーマンスを発揮する力になると自信を持って言えます。

自分を成長させるための自己投資に終わりはありません。貯金をすることも大切ですが、自分自身に投資することも忘れないでください。

ここまで言っても自己投資を躊躇《ちゅうちょ》している人は、

「自分には投資する価値がない！」と潜在意識に伝えているようなものです。

10年後の自分を作るのは、「今」の自分にフォーカスした自己投資。まずは安価なセミナーでいいので、興味があるものに参加してみてください。

波動を上げる習慣⑫

僕が毎日続けていること

最後に、僕が毎日続けている習慣を紹介しておきたいと思います。

●朝日を浴びて、水分（白湯《さゆ》）をしっかり補給する。

●朝は瞑想《めいそう》とヨガをする。

●仕事をしているときは、タイマーをかけて30分に1回は立ち上がってストレッチをする。

●お酒は飲まない。グルテン、白砂糖、添加物、ジャンクフードは食べない。ビタミンC、ミネラル、コラーゲンなど、自分に足りない栄養素を補給するために、サプリメントを摂取する。

●健康にいい食べ物を、美味しく食べる。

●コーヒー豆を毎日挽《ひ》き、MCTオイルとバターギーを入れた「バターコーヒー」を飲む。

●筋肉を大きくする「バルクアップ」トレーニングをスキマ時間でやる。
●英会話などの音声学習を運転中やスキマ時間でやる。
●夜は副交換神経が優位になるよう、ぬるめのお風呂に入り、90分から120分以内に眠りにつくようにする。
●寝る前にストレッチをする。
●欲しいものがあるときは、スマホの待ち受け画面に入れておく。

まだまだあるので、挙げたらキリがありません。

こんなことを言うと、「私には無理です」と気後れしてしまう人もいるかもしれませんが、安心してください。DTY（できるところからやる）でいいんです。

そして時には、サボっていいんです。今こうして、この本を読んでいるだけで、あなたは素晴らしい存在なんです。

フォーカスで人生を変えたCASE②

難病を患いながら仕事をし、病気の家族を支えてきたYさん（60代・女性）が、自らの体験をYouTubeで発信するほど元気になったケース

Q YouTubeを観たり、セミナー講座に参加されたきっかけは？

幼少期から苦労続きでしたが、結婚してからも夫が病気になり、娘が不登校になりと心労が続き、昼夜働いて頑張っているうちに、間質性肺炎という難病にかかってしまったんです。

このまま人生が終わってはいけないと、幸せになる道を求め始めていろいろ学んできたんですが、病気が悪化して学ぶことを強制終了させられ、また学び始めてを繰り返していました。

BAZZIさんの講座は、何か学ばなければと偶然申し込んだのですが、最初のセッションで会った瞬間から、魂が喜んでいる感じでした。こんな感覚は、初めての経験でしたね。

Q セミナーに参加されて、どんな変化がありましたか？

60歳を過ぎて難病を抱えて仕事と生活に追われているので、ボロボロだったんですが、講座を受けて1週間でエネルギーが変わってきました。

行政の市民サービス課で責任者をしていて、人間関係でも苦労があり、コミュニケーションがうまくいかない人が3人いました。

ところが、**BAZZIさんから「目の前の人は、あなたを映す鏡ですよ」と言われて自分の行動を変えていったら、1人は退職し、1人は部署が変わり、もう1人は担当が変わってしまった。「潜在意識が変わると周囲の人間関係が変わり始める」とよく言いますが、本当にそんなことがあるんだ！　と驚きました。**

自宅でも、すぐに怒る夫に辟易していたんですが、BAZZIさんにエネルギーの出し方を教えてもらってからは、家族にも良いエネルギーで返していこうと考えるようになり、文句を言われても「ありがとう」「今日はいいお天気ね」と親切に接していたら、家の中がどんどん穏やかになって……。自分が良いエネルギーを出せば、それが何倍にもなって返ってくるんだって、実感しましたね。

経済的にも余裕がないので、以前は家計簿をつけてコツコツやっていたんですが、もっとおおらかに考えればいいと家計簿をつけるのをやめたら、**20年間昇給なしの契約社員だったのに、突然昇給があったんです。周囲がどんどん変わっていくので、本当に驚きの連続でした。**

Q その変化を、YouTubeで発信しているんですよね?

BAZZIさんから「そんなに変化があったのなら、今度、動画でアウトプットしてみたらいかがですか?」と言われたのがきっかけです。

私はパソコンが苦手ですし、YouTubeなんてとてもできないと思っていたのですが、スマホで動画を撮ったりしているうちに、できちゃった。

しかも、**「YouTubeを観て励まされました」というコメントをいただくことができたんです。**

難病を患って、もう自分には何もできないかもしれないと思っていたのに、BAZZIさんに導かれて**「自分の人生を価値あるものにしたい。誰かの役に立ちたい」という夢が叶いました。**

Q これからの夢は何ですか？

病気になると、「もっと早く病院へ行っておけば良かった」といった過去への後悔と、「私の未来はどうなるんだろう、何年生きられるんだろう」という未来への不安ばかりが募り、「今」がなくなっちゃうんです。それはすごくもったいないことですよね。

そう気がついたのも、BAZZIさんが**「将来とは今の連続だから、今でき**

ることにフォーカスしましょう」と教えてくれたおかげです。

だから今は、「今を生きよう！」がテーマ。永遠に続く今を、生きよう！　と思いながら、家族や職場で助けてくれる人にも感謝し、市民サービス課にいらっしゃるお客さまにも感謝の心で仕事ができるようになりました。

今までは事務的に仕事をしていましたけれど、自分が心を込めれば、お客さまも本当に笑顔になるんですよね。当たり前にあるものに感謝して、自分の人生を悔いなく生きたいです。

●

難病を患って、いつ死んでもおかしくないという状態から、「ようやく、心から人生を楽しめるようになった」と笑顔で話されるほど元気になられ、仕事と家庭のことで忙しいのに、YouTubeにアップする動画の撮影をし、8時間もかけて編集をしているYさん。Yさんのようなエネルギッシュな方に会えて、僕もとても嬉しかったです。（BAZZI）

Section

05

お金に好かれるフォーカスの方法

お金の使い方でも人生は確実に変わります。
なぜなら、お金も循環する感謝のエネルギーだからです。
まず、お金を好きになるところから始めてみましょう。

お金に好かれる使い方、嫌われる使い方

「お金の使い方で人生は確実に変わる」

よく言われる言葉ですが、本当にそうだと思います。

ここまで潜在意識について理解を深めてきたあなたですから、「お金がない」と言っていると、「お金がない」現状が続くことは理解できているはずです。

つまり、「お金があることと、お金がないこと」のどちらにフォーカスするかで、人生が大きく変わるということです。

潜在意識は、あなたが安心して生きていけるように、昨日と同じ状態を作り出そうとしますから、その口癖を変えない限り、お金の流れは変わりません。

つまり、「お金がない、ない」と言いながらお金を使っているのは、お金に嫌われる使い方だということです。

日本人特有の謙虚で控えめな性格が、「お金がない」と言わせている面もありますが、日本ではお金に執着する人のことを昔から「守銭奴《しゅせんど》」と呼ぶように、お金に対してあまり良いイメージがありません。

「お金を貯めるのは貪欲なこと」「お金は汚いもの」……。そうしたイメージが潜在意識に刻み込まれていると、いつまで経《た》ってもお金を心から受け取ることができません。つまりそれは、お金に対してメンタルブロックがかかってしまっている状態なのです。

まずは、そのメンタルブロックを外しましょう。

お金は労働の対価ですから、そこには支払った人の「感謝」の気持ちが込められています。そして、お気に入りの洋服や靴を見つけて自分が購入するときも、お金には「感謝」や「喜び」が込められています。

お金とは感謝のエネルギー。お金に好かれたいなら、まず、自分からお金を好きになりましょう！　これが、一番基本的な考え方です。

お金とは、感謝のエネルギー

お金とは、労働の対価であり、ものやサービスを受け取る対価として支払う「感謝のエネルギー」です。

そう捉え直すと、お金を使うときは感謝を込めて、ていねいに扱ってみようと思えるのではないでしょうか。

お金を使うときは、ぜひ、「ありがとう」と感謝の気持ちを込めて使うようにしてみてください。

すると、「やがてお金が何倍にもなって戻ってくる」ということが起こってきます。なぜなら、「感謝のエネルギー」を自ら循環させているからです。

また、お金をいただくということは、自分がそれだけ感謝される価値を提供しているということになります。

それはつまり、**「感謝される価値がある＝お金を持つことができる」ということになります。**

そこで、「お金がない」「貯金ができない」と悩んでいる人は、まず、「感謝を集める」ことにフォーカスしてみてはいかがでしょうか。

例えば、人助けをするとか、何か困っていることはないだろうかとアンテナを張ってみるなど、現実的に「お金を稼ぐ」よりも、感謝してもらえる徳を積んでいくことで、波動を上げることを考えましょう。

確かにお金は生きていく上で必要ですし、大切ですが、お金は幸せを手に入れる手段であって、目的ではありません。

徳を積んで自分の波動を上げれば、引き寄せの法則によって、多くの人・もの・出来事が引き寄せられてきます。その中にこそ、お金を生み出すヒントや、本当の幸せにつながるヒントが隠されているのです。

見えない価値にフォーカスする

「お金がない」「貯金ができない」と悩んでいる人は、「私にはお金を手にする価値がない」「私には貯金する価値がない」というメンタルブロックがある場合が、とても多いです。価値がない人なんていません。ただし、**「月収50万円欲しい」「月収100万円」とお金そのものにフォーカスしている場合は、たとえ願いが叶っても、あなたは満たされません。**

なぜかというと、目に見えるものばかり追いかけていると、目に見えないものから応援されにくくなるからです。

お金とは「感謝のエネルギー」です。「もの」ではなく、「エネルギー」だと捉えることから、お金との上手な付き合いは始まります。

お金に対してメンタルブロックがある人は、お金を支払うときも、「またお金がなくなってしまった」と「ない」にフォーカスしてしまいます。

そうではなく、**「自分には1万円を払える価値がある、エネルギーがある」**という方向にフォーカスしていくことが大切です。さらに言えば、1万円を使ったときに1万円以上のエネルギーを感じているかどうかを意識してみましょう。

このように、**見えないお金の価値にフォーカスする「投資マインド」を育てていくことが、お金と上手に付き合う最大のコツになります。**

例えば、最近はスイーツブームで、5000円もする豪華なパフェが人気です。僕は甘いものを食べないので、「高い、身体に悪い！」なんて思います。

でも、この高価なパフェを食べることで、明日からの頑張るエネルギーを得る人もいる。

お金を使うことは、すべて投資です。「お金が出ていく」ことにフォーカスするのではなく、「将来のために、見えないエネルギーを買っている」と意識すれば、お金に好かれ、お金が貯まる使い方ができるようになります。

投資マインドを育てる

目的もなくお金を使うのは「浪費」ですが、目的があってリターンがある使い方は「投資」です。

お金の神様は浪費を嫌いますが、収入に直結しなくても、「脳への投資」、つまり自己投資をすることは、とても喜びます。Section04でもご紹介しましたが、最も確実で、リターンが大きい投資は自己投資だからです。

見えないお金の価値にフォーカスする「投資マインド」は、あらゆる場面で使うことができます。

例えば、観たい映画があったとします。映画館で観ると2000円。そこで多くの人は、「ちょっと待っていればAmazon Primeで観られるしなぁ」と節約を考えるのが、上手なお金の使い方だと思っているかもしれません。

では、投資マインドで考えたらどうなるか……。

まず、自分はこの映画を観ることで「何を手に入れたいか！」にフォーカスして、目的を決めます。

例えば、「人に優しくするためのヒントを得よう」と目的を決めたとします。すると映画館を出た瞬間から「人に優しく」を実践できるわけです。

さらに、印象に残ったことを忘れないようにメモをして実践し、もっと意識を深めていきたいときは付箋に大切な言葉などを書いて見えるところに貼っておく。そうすれば、自分が描いていた優しい人間へと成長していくことができますよね。

これだけの学びと生き方を変えるヒントが、すぐに2000円で手に入るとしたら、とても有意義ではないでしょうか。

「2時間で何か一つでいいから得るものを見つけたい」と目的意識をもって観れば、映画は立派な学びの時間となり、自己投資になり、波動も上がり、お金に好かれる使い方ができる、ということになります。

一方、「2時間、ボーッと過ごして損をした」「2000円がもったいなかった」と損失にフォーカスし、後悔するのが、お金に嫌われる使い方です。

でも、「映画を観ながら、2時間ボーッと過ごそう！」と、最初に目的を決めれば、ボーッと過ごした2時間は有意義！　ということになります。

もしも、友人に誘われて自分の好みではない映画を観に行くことになったとしても、「自分にはない価値観を学ぼう」とか、「友人との仲を深めることで楽しみながら波動を上げよう」と、小さなことでも何かを得ようと目的を決めれば、それは有意義なお金の使い方になります。大切なのは、目的を決めること！

お金に関しても、「目的にフォーカス」することで無駄な損失はなくせます。何を買うかだけでなく、何を選択するかも含めて、僕は、すべて自己投資だと思っています。

そう考えて行動していくと、やがて、投資した数倍ものリターンが得られます。なぜなら、エネルギーは循環しているからです。

Point

ボーッと映画を観ることを目的にした人は、
エネルギーが充電でき、波動が上がり、
上手なお金の使い方をしたのでお金からも好かれます。
大切なのは、目的を決めること。
「目的にフォーカスすること」です。

お金の入口より出口を大切にする

この世の中の物事は、すべて循環しています。

あなたが仕事をするからお金が入り、そのお金を日々の生活や旅行などで使うから、他の人が生活できるというように、循環しています。

「お金がない」「貯金がない」という人は、いかにお金を儲《もう》けるかに頭を悩ませていますが、実は、大切なのは使い方。お金の入口よりも、出口です。

お金の入口は、自分だけではなく多くの人が力を貸してくれて広がっていくものです。でも、出口の使い方はあなた次第。ここを間違えると、お金に嫌われることになります。

お金を使うときの大前提は、**「誰かが喜ぶ使い方をする」**ということです。

好きな人や友人に感謝の気持ちを込めてプレゼントをして、喜んでもらえたなら、最高のお金の使い方です。

家族で食事に行き、全員が笑顔になり、楽しく食事ができたのなら、それも有意義な使い方です。もちろん、食事をしたお店の人にも喜んでもらえます。

では、このお金を自分のためだけに使ってはいけないのでしょうか？　そんなことはありません。

好きなランチを食べて「よし、午後の仕事も頑張ろう！」と気持ちが切り替えられ、午後は職場のスタッフに喜んでもらえる仕事ができたなら、笑顔を生む使い方ができているということです。

ただし、「ランチに誘われて何となく付き合ったけれど、気を遣って疲れてしまった。行かなければ良かった。午後は仕事もパワーダウン……」というようなケースは、あまりいいお金の使い方とは言えません。

なぜなら、自分のためにお金を使ったのに、「ランチに支払ったお金が、もったいなかった」とマイナス面にフォーカスしているからです。

あらゆることは循環しているので、思ったことは、お金にも伝わります。「お金を使って損した」と思ったら、お金の神様もいい気分はしないはずです。

自分のためにお金を使うときも、まず、自分が笑顔になる使い方を心がけましょう。なぜなら、自分が満たされているからこそ、他人に優しくすることができるからです。

だからこそ、まず自分自身を最高に満たし、そのうえで他人を満たすのです。自分がまだ満たされていないのに他人を満たそうとすると、相手も困ってしまいます。

もちろんここでも、DTY（できるところからやる）でOKです。

お金は感謝のエネルギーです。お金を入れることだけに夢中になって、お金の出口を疎《おろそ》かにしたのでは、エネルギーの循環が滞ってしまいます。

エネルギーの循環が悪くなれば人間だって病気になるように、必ず不具合が起こってきます。

実際、出口の大切さを無視したために借金を抱えることになったり、破産・倒産したケースをたくさん見てきました。

もちろん、失敗してもやり直せばいいんです。でも、できれば失敗はしたくないですよね。

お金は入口より出口が大事です！

誰かが喜ぶ使い方をすると同時に、赤い羽根共同募金でも災害支援の募金でもいいので、「小さな良きこと」をコツコツ、続けていきましょう。

目に見えない財産こそ大切にする

ここまではお金に好かれる方法をお伝えしてきましたが、では、どうやってお金を稼げばいいのか、増やせばいいのか……。

お金を稼ぐ方法は、僕が知っている限りでは3つしかありません。

①時間を使う　②能力を使う　③お金を使う、です。

①の「時間を使う」は、オフィスワークやお店で働くなど、自分の時間を切り売りすることです。僕も若い頃は、「月収100万円あればいい」と軽く考えていましたが、月収100万円を自分の時間の切り売りで稼ぐのは困難ですし、何年もハードワークを続けられるかわかりません。

②の「能力を使う」は、芸術家や俳優、歌手など才能を生かして仕事をしている人たち。僕のように講師業をしている人間やコーチやカウンセラーなど

も、能力を発揮することでお金を生み出しています。

③の「お金を使う」は、ズバリ、投資です。最もお金が稼げる方法は、自分が働かなくても、お金がお金を生んでくれる投資です。

でも、ここで大切にしてほしいのは、目に見えるお金という財産を生む投資よりも、目に見えない財産を生む投資です。

やはり、一番リターンが大きいのは自己投資です。未来の自分を作るのは、「今」の自己投資です。講座に通う、本を読む、健康のために食べ物に気をつけて運動をするなど、できることはたくさんあります。

また、SNSやYouTubeなども、高価な機材を購入する必要がなく、ネット代などのわずかな出費だけで多くの人とつながり、目に見えない財産を生んでくれる投資なので、これを機にチャレンジしてみるといいと思います。

僕が寝ている間も、僕のYouTubeを観てくれている人たちがたくさんのメッセージを送ってくれるおかげで、僕は仕事のヒントをもらい、チャンスが広がり、人脈も広がり、その結果として、収入も増やすことができています。

自分の代わりに24時間発信してくれるメディアをもっているというのは、結構すごいことです。僕の講座を受講して人生を変えた人たちの中には、その経験をYouTubeで発信している人たちがいます。

その人たちも、YouTubeを観た多くの人からメッセージをもらうことで、また一回り大きく成長していくんですね。

お金は「もの」ですから、使えばなくなります。私財を投入して建てた家も、歳月と共に劣化していきます。

そうした「目に見える財産」も確かに大切ですが、それよりも、**本当に大切なのは、健康・自由・愛情・人脈などの「目に見えない財産」です。**

しかも、**「目に見えない財産」は、自分の波動を上げていくことで、どこまでも増やしていくことができます。**

「目に見えない財産」を大切にしようという人が増えていけば、間違いなく世界平和にも、つながっていきます。

目に見える財産

お金などの金融資産
家・土地などの不動産
社会的地位

目に見えない財産

心身の健康
人脈・ネットワーク
知識・技術・経験・アイデア
愛情・自由
自然豊かな環境

Point

生きていく上で、確かにお金は大切です。
でも、もっとも大切なのは、目に見えない財産。
なぜなら、目に見えない財産こそ、
お金と幸せを生み出してくれる源泉だからです。

フォーカスで人生を変えたCASE③

離婚後、仕事もうまくいかなかったTさん（40代・男性）が、仕事が順調になり、再婚もできたケース

Q セッションに参加されたきっかけは？

BAZZIさんを知ったのはYouTubeです。動画を観ていると元気になるので、この人なら相談できると参加しました。職場の管理職が代わり、急に査定が悪くなって収入が減るなど、不本意なことが続いて悩んでいたんです。

そんなとき、BAZZIさんから「感謝の気持ちで接しましょう」と言われ、自分でも実行してみると、次第に人間関係が好転していきました。

「今月は給料が上がりました」「今月は新しい仕事を任されました」と毎月新

しい報告ができるようになり、やがて、「今月は結婚しました」という報告も。バツイチで、毎月の養育費12万円も支払っている僕と結婚してくれる人はいないだろうと思っていたんですが、奇跡が起きましたね。

●

最初にお会いしたときは、ほとんど話さなかったTさんですが、今は、10歳年下のパートナーと一緒になり、とても幸せそうです。(BAZZI)

「自分を変えるエネルギーをもらったことで、教室の運営が軌道に乗った!」という子育てアドバイザーのMさん(50代・女性)のケース

Q **講座を受けてどのような変化がありましたか?**

私自身、子どもの頃に病院に通うほどものすごい反抗期を経験して、思春期

は好き勝手やって、結婚、出産、破産、倒産、アメリカ生活と、波瀾万丈《はらんばんじょう》の人生を送ってきました。でも、だからこそ、私のようにつまらない反抗をして子ども時代を無駄にしてほしくないと思い、アメリカでコーチングを学び、日本で子育てアドバイスを仕事にしようと教室を開設したところでBAZZIさんに会い、すごいエネルギーをいただきました。教室を開いて資金が尽きたのに、エネルギーの流れが変わったのか、急に生徒さんが増え、生徒さんの成績も上がり、子どもたちのママも驚いています。

でも、一番驚いたのは、「子どもたちのために教室を！」と思ったら、歩き回ってチラシ配りまでできるようになった自分の変化です。この仕事は、私の使命なんだと実感しています。

●

Mさんはエネルギーを受け取るのがすごく上手。エネルギーワークを仕事にも生かされ、本当に天職と出合われたんですね。（BAZZI）

自分探しに行ったイギリスで、奇跡の出会いを体験したという英語教師のKさん（60代・女性）のケース

Q セッション参加は迷っていましたね。でも、意外な結果が出ましたね

BAZZIさんのYouTubeはずっと観ていましたし、潜在意識に興味があったので、自分を変えたいという思いもあり、思い切って参加してみました。すると、意外な結果が出たんです。

フォーカスしてはっきりしたのは「一人でもイギリスに行く」ということ。自分の中で、そんな欲求があったというのは意外でした。

イギリスに行くのは30年ぶり。私はイギリス文学専攻で、『カンタベリー物語』の著者、チョーサーを研究していました。

何カ所か文学にちなんだ場所を巡り、最後に行ったのが、セント・ポール大聖堂からテムズ川を渡った対岸です。なぜかというと、そこが『カンタベリー物語』の出発点だから。

そこにカテドラルがあって、ひっそりとした祭壇の両脇にジェフリー・チョーサーと刻印された椅子があったんです。それを見つけたときは、身体が震えるほどでした。しかも、その場所で、デイビッドという韓国から来たチョーサーの研究者と出会ったんです。「ああ、私は、この人に出会うためにここに来たんだ」と思いました。運命ってあるんですね。自分の目的にフォーカスすれば運命は変わるって、今は信じられますね。

「運命的な出会い」って、一生に何度もあるわけではないですよ。それができたことは素晴らしい。これもフォーカスの魔法です。（BAZZI）

●

社長としての自信が持てるようになり、赤字だった幼稚園と保育園の経営が好転したというKさん（60代・女性）のケース。

Q 経営のヒントが見つかったようですね

子どもが好きで自宅で保育園を始めたら、次第に仕事が広がり、今は、保育園と幼稚園を経営しています。社長としてやることも多く、大変になってきたなと思っていた頃、ＢＡＺＺＩさんのYouTubeに出合いました。

セッションでは、皆さんの悩みを決して否定せずにアドバイスしていくＢＡＺＺＩさんの姿を見て、子どもたちのお母さんが抱えている悩みに、「こうやって対応していけばいいんだ」「人は自分の映し鏡だ。自分を変えればいいんだ」と、大きなヒントをいただきました。人間関係や経営方針に関して自信がない部分があったのですが、「自分がやりたいことをやるんだ！」と思うようになってからは、すべてがうまくいくようになりましたね。

●

僕は、「社長はやりたいことができるんですよ」とお伝えしただけ。Ｋさんのエネルギーが開花され、１年ですごく変わられました。（ＢＡＺＺＩ）

「フォーカスの魔法」を使いこなす小さなヒント

最後に、フォーカスの魔法を使いこなすためのサンプルを用意してみました。
人はついついマイナスにフォーカスが向いてしまいがちですが、
「プラスにも考えられる！」と発見をしてもらえたら嬉しいです。
価値観は人それぞれなので、これは、あくまで一例です！

●電車が５分遅れてイライラしているとき
→「５分もゆっくり何かをする時間を与えてくれた！ ラッキー」

●1日何もできず、無駄な休日を過ごしてしまい、反省している
→「こんなに慌ただしい世の中で、ゆっくり過ごす贅沢ができた〜」

●仕事で相手と意思疎通がうまくできず、イライラしてしまう
→「相手もきっとよかれと思ってそうしてくれたんだ！ 相手との考えの違いに気づくことができた、勉強になった！」

●自分の存在価値が分からなくなってしまい、落ち込んでいる
→「自分の存在価値について考える機会を与えてもらっているんだ！ 自分にはもっと価値があると思っているからこそ悩めているんだ！」

●勇気を持って告白したのに、フラれてしまった
→「相手からのレスポンスをもらうことができた！ 返事なしじゃなくて、よかった！ そして、今この瞬間から次の出会いがあるってことだ！」

●ダイエットしたいのにまた食べてしまった…（自己嫌悪〜〜〜）
→「食べられるからこその幸せがある！」

●相手に浮気されてしまった…
→「他の人も魅了できるほど、魅力的な人と付き合えていたんだ！」

●また子供に対して怒っちゃった…
→「子供の可能性を信じているからこそ、言い方がきつくなっちゃうんだ」

●またまた大変なことをやらかしてしまった…
→「全ての出来事には意味があるんだ！ これも何かの学びだ！」（神領域）

いかがでしょうか？ 全て「ある」にフォーカスしているだけなのです。

Section

06

あなたの意識が世界を変えていく

今、悩んでいる人たちが潜在意識に目覚め、
自分の中にある才能をフルに活用して自己実現できれば、
世界はきっと変わります。

喜びの循環が人生を変えていく

ここまでこの本を読んでいただいて、「自分の人生を変えられるかもしれない」と思ってくれたら、本当に嬉しいです。「もう変わり始めている！」という人がいたら、もっと嬉しいです。

「ない・できない」を「ある・できる」にフォーカスするだけで、必ず人生は変わります。

自分が相手に向けたエネルギーを、相手が受け取って「気持ちいいな」と思ってくれた。そして、その「気持ちいい」と思ってくれたエネルギーをまた自分が受け取ることができた。

こうした喜びのエネルギー循環が生まれてくると、人生はますます楽しくなっていき、自分の可能性がどんどん広がっていきます。

それはどんな仕事をしている人でも同じです。営業でも、販売でも、お客さまに喜んでいただいて、エネルギーの交換ができたときに、「自分はこの仕事に向いている」「自分の目的はこれだ！」と気づくことができるわけです。

僕もそうでした。今から9年前に、フィリピンで400人の観客を前にしてイベントを行ったときに、「こんなに多くの人が僕を待っていてくれるんだ」「こんなに喜んでくれるんだ」と本当に力強いエネルギーを感じたことで、「自分が求めていたのはこの仕事、自分が進んでいく道はこれでいいんだ！」と改めて納得することができました。

そして、プロマジシャンから潜在意識やビジネスの講師業へと仕事を広げると、あとは雪だるま式に仕事が大きくなり、今では一般社団法人を設立し、カンボジアの教育を支援する慈善事業にも関わるようになりました。

今の仕事は、僕の天職。いや、天職以上のもので、神様が僕に与えてくれた「使命」だと思っています。

使命を仕事にする生き方

「使命」と聞くと、大袈裟《おおげさ》な話だと思う人もいるかもしれません。でも人は、この世に生まれてきたからには、誰もが使命を持っているのだと思います。

使命とは、読んで字の如く**「命の使い道」。つまり、あなたの役割です。誰かに愛を伝えるのも使命ですし、逆に辛い経験をして気づきを得ることも、きっと、その人の「使命」です。**

僕は、潜在意識の世界を知るまで、神様がいることやスピリチュアルの世界のことなど、何一つ信じていませんでした。

本を読んで勉強するくらいなら、家でビールでも飲みながらボーッとテレビを観ていたほうが幸せだし、はっきり言えば、「他者貢献」や「社会貢献」なんて考えたこともありませんでした。

そんな僕だから、神様は試練を与えたのです。
難聴、吃音、あがり症にすることで、「コミュニケーションが苦手」に。
熱しやすく冷めやすい、根気のない性格を植え付けることで、「貧乏」に。

そして、僕に足りないものだらけの欠乏感を与えることで「コミュニケーション障害と貧乏から抜け出したい！」と思い込ませて「マジック」の存在に気づかせ、「潜在意識」という学びに興味を抱かせ、こうして本を書くような「講師業」という仕事を選ばせたのです。

どんな境遇にあろうとも、神様は、一人ひとりが力を発揮しながら助け合えるように考え、導いてくれます。

仕事や生活がうまくいかずにジタバタするより、**毎日、「自分の使命は何だろう」「自分の理想の暮らしとは何だろう」と考えるだけで、潜在意識が動き出し、やがて道がひらけていきます。**

アメリカの心理学者・マズローは、人間が行動を起こす動機（理由）を2つ挙げています。**一つ目は、何かが足りないという「欠乏動機」。もう一つは、自己実現をしたいという「成長動機」です。**

Section02でお伝えしたことをもう一度言いますが、**「足りない」という欠乏感こそ、成長する鍵なんです。**

そしてマズローは、人間には5段階の欲求があると定義しています。それが、「生理的欲求（食欲・睡眠・性欲）」「安全欲求（安全な暮らし）」「社会的欲求（所属と愛）」「承認欲求（他者から認められること）」「自己実現」です。

この5段階を仕事に当てはめると、

●「生理的欲求」と「安全欲求」を満たすのが、**食べるために働く「ライスワーク」。**

●「社会的欲求」と「承認欲求」を満たすのが、**適職の「ライクワーク」。**

●自己実現できる仕事が**天職、あるいは使命の「ライフワーク」。**

あなたはどんな命の使い方をしたいですか？

天職 使命
波動を上げることにフォーカス
臨場感にフォーカス
DTY（できるところからやる）
自分にはできない…
できること目的にフォーカス
目的にフォーカスして生きていくと、
お金も人も、
後からついてきます

あなたの意識が世界を変えていく

僕が理想としているのは、悩んでいる人たちが自らの潜在意識に目覚め、自分の中にある才能をフルに活用して、自己実現していく世界です。

それぞれが自然環境や地球のエネルギー、愛など目に見えないものを大切にしながら、ＤＴＹの気持ちで、「できるところから」、まずは自分自身を満たしたうえで他者貢献と社会貢献を行っていけば、この世界から戦争もなくなり、誰もがみんな「自由自在」に生きていけるようになるのではないでしょうか。

ただ「ある」ことにフォーカスをするだけ。

一言でいえば、この本はこの一行で終わってしまうほどシンプルなメソッドです。ですが、シンプルがゆえに難しく奥が深いメソッドでもあります。

なぜなら、どうしても人はネガティブな方に引っ張られやすいからです。

そのため、この本ではできるだけ分かりやすくお伝えさせていただきましたが、それでも「どうしたらいいか分からない」と考える方のために、究極な質問を投げかけてみようと思います。それは、

「もしあなたが生まれてこなかったら、
これまで得た感動を味わうことができましたか？」

あまりにもスケールの大きい質問に戸惑った方も少なくないでしょう。

もちろん、答えはノーですよね。あなたという存在が今日まであるからこそ、今日までにたくさんの感動や感謝に巡り会えていると思います。大切なのは、この質問で何がわかるか？　ということ。それは……、

『今、あなたはフォーカスの魔法をすでに使えている』ということです。

「え？　何でですか？」と思われるかもしれませんが、どう考えても使いこなせています。

しつこいかもしれませんが、もう一度質問を読んでみてくださいね。

「もしあなたが生まれてこなかったら、
これまで得た感動を味わうことができましたか？」

ほら、今あなたはきっとこんなことを思ったはずです。

・私は今、生きている（命がある）
・感動したこともいくつもある

どうでしょうか？　自然と「ある」にフォーカスが向きましたよね？

実は、僕が実際にこれまで関わった方とやっていることは、これだけなんです。つまり、**「すでに相手が持っているもの」を引き出しているだけ。プラス、フォーカスを向けるのを楽しいと思ってもらうだけ。**

楽しいことは無意識にずっと続きますし、潜在意識にも自然と組み込まれます。だからこそ、このフォーカスの魔法を身に付けた人から、人生が激変していくのです。

一度で理解しようとしなくても大丈夫です。僕はこれからも、本書の中でも、YouTubeでも存在し続けます。本音を言ってもいいですか？

あなたの可能性に、期待しかないです！

Work_05

人生を変えるワーク①

● この本を読み終えた今、あなたの叶えたいことは変わりましたか？
可能性を感じている「今」にフォーカスして自由に書き出してみましょう。

1

2

3

4

5

「フォーカスの魔法」で自由自在の人生を
一緒に楽しみましょう！

Work_06

人生を変えるワーク②

● あなたが人生を変えるために、今できること（DTY）は何でしょうか？
どんなに小さなことでもいいので書き出してみましょう。

● あなたが人生を変えるために、習慣化したいことは何でしょうか？
新たな人生をイメージしながら書き出してみましょう。

おわりに

あなたにとってすでに「ある」もの。いくつか見つかりましたか？

この本を読み終え、最後のワークを改めて行ってみていかがでしたか？

「本当の自分はこんなことを叶えたかったんだ！」と、叶えたいことが変わってびっくりしている方もいるかもしれません。でもそれは自然な現象です。つまり、今の今まで気づかなかっただけということです。

「あぁ、もっと早く知りたかった…」と嘆いている方もいるかもしれませんが、全く問題ありません。なぜなら、「今」知れたのであれば、今から取り入れていけばいいだけだからです。「今」があなたの人生で一番若いのですから。

そして、最後のワークを通してこんなことを思った人もいるかもしれません。

「できることが多くてびっくり！　自分にもできるかな？　たくさんあって迷っちゃう…」

安心してください。それもまた、できるところからやればいいのはもちろんのこと、そんなにも「できること」をたくさん発見できた自分をたっぷり褒めてあげましょう。

「そうは言っても…。私はそんなに上手にワークができなかった…」

その気持ち、よく分かります。僕自身もかつては自分を責め、周りと比較し、できていないところを埋めようと毎日もがいていたからです。

でも、そうやって自分をいじめるのも、今日でやめにしませんか？　人は足りないところに目を向けるクセがあります。序盤でもお伝えしたように、あなたの95〜99％の潜在意識は「あなたの命を守ること」を目的とし、あえてネガティブにフォーカスしてしまうことは自然なことです。

そうやって自分自身のことを改めて見つめてみるとどうでしょう？　なんだか愛おしくなってきませんか？　僕だけですか？（笑）

「あっ、自分の潜在意識はこんなにも自分のことを守ってくれているんだ！」

もし1ミリでもこのような気持ちが湧いてきたら、あとは可能性しかないです。だって「今この瞬間」そのことに気づいてしまったのですから。

すると、これからは微《かす》かな気づきであったとしても、意図的にフォーカスを向けることができます。

ここで問題です。そのわずかな気づき、可能性にフォーカスをし続けるとどうなるでしょうか？　答えは、「どんどん大きくなる」です。

そう、あなたの気づきの習慣、同時に可能性までもがどんどん大きくなり、広がっていくのです。あなた一人が変わることで、世界は変わります。

なぜなら、共鳴現象によりあなたが満たされ、幸せな波動が広がり、そしてあなたの周りも満たされる……。あとはその先の人もどんどん雪だるま式に「幸せの循環」が起こり、世界に広がるというわけです。

「そんなのは夢物語だ！　キレイゴトだ！」

そう思われても構いません。そう思っている人の世界はそうだし、僕の世界では今もなお、幸せの循環は広がり続けているのですから。

あなたはどう思いますか？　きっとここまで最後まで読んでいただいたあなたなら、もう気づいているはず。

いつかあなたの声を、直接聞かせてくださいね。　――――BAZZI

BAZZI《バッジ》

ソーシャルアーティスト。1984年神奈川県生まれ。生まれつき難聴、コミュニケーション障害を抱えながらも「死ぬまで好きなことをしたい」という想いから、2005年にプロマジシャンとしてデビュー。人生を自由自在に生きることを指針に、夢を叶えるアーティストとしても活躍。2022年に一般社団法人Dream Investment JAPANを設立し、カンボジアや福祉事業への支援活動を行っている。アーティストの枠を越え、さまざまなビジネス、表現活動を展開中。

YouTube @bazzi8
TikTok @bazzi88888888
Instagram @magicianbazzi

フォーカスの魔法《まほう》
潜在意識《せんざいいしき》を書き換《か》える「奇跡《きせき》の教科書《きょうかしょ》」

2024年9月2日　初版発行

著者／BAZZI《バッジ》

発行者／山下 直久

発行／株式会社KADOKAWA
〒102-8177　東京都千代田区富士見2-13-3
電話　0570-002-301（ナビダイヤル）

印刷所／TOPPANクロレ株式会社

製本所／TOPPANクロレ株式会社

●お問い合わせ
https://www.kadokawa.co.jp/（「お問い合わせ」へお進みください）
※内容によっては、お答えできない場合があります。
※サポートは日本国内のみとさせていただきます。
※Japanese text only

定価はカバーに表示してあります。

ISBN978-4-04-606699-2　C0095